本书受到以下项目资助：中国传媒大学校级科研培育项目（项目编号CUC13A07），
中国网络视听节目服务协会广电融媒体发展调研项目（项目编号HW15205）

融媒体·新视听研究丛书

融合与重构

中国广电媒体发展新道路

周逵◎著

中国传媒大学出版社
·北京·

图书在版编目(CIP)数据

融合与重构:中国广电媒体发展新道路/周逵著.—北京:中国传媒大学出版社,2017.3
ISBN 978-7-5657-1944-8

Ⅰ.①融… Ⅱ.①周… Ⅲ.①广播电视—传播媒介—发展—研究—中国
Ⅳ.①G229.2

中国版本图书馆 CIP 数据核字（2017）第 052205 号

融合与重构:中国广电媒体发展新道路

RONGHE YU CHONGGOU:ZHONGGUO GUANGDIAN MEITI FAZHAN XINDAOLU

著　　者	周　逵
责任编辑	黄松毅　李唯梁
特约编辑	李克俭
封扉设计	王淑君
封扉制作	泰博瑞国际文化传媒
责任印制	阳金洲
出版发行	中国传媒大学出版社
社　　址	北京市朝阳区定福庄东街 1 号　邮编:100024
电　　话	86—10—65450528　65450532　传真:65779405
网　　址	http://www.cucp.com.cn
经　　销	全国新华书店
印　　刷	北京艺堂印刷有限公司
开　　本	710mm×1000mm　1/16
印　　张	11.5
字　　数	133 千字
版　　次	2017 年 4 月第 1 版　　2017 年 4 月第 1 次印刷
书　　号	ISBN 978-7-5657-1944-8/G·1944　　定　价　48.00 元

目　录

导论　视听媒体转型的场景与动力

“什么是电视?”

当我问出这个问题的时候,台下的大学一年级新生们看着我,一脸困惑。

1926 年 1 月 27 日,苏格兰发明家约翰·贝尔德向伦敦皇家学院的院士们展示了一种新型的、能够通过无线电传递活动图像的机器,贝尔德称他的发明为“电视”。贝尔德说,总有一天,它将使每一个家庭都变成一个小电影院。

当时的人并不看好这样一种电子装置,并不能确定“什么是电视”。甚至有人断言,人们将很快厌倦这样一个闪动着荧光、让人很不舒服的盒子。

从字面上来看,“Tele—”的意思是“远距离的”,而“Vision”的意思则是“视觉”。在那个时代出现了许多“Tele—”开头的单词,如“telephone” “television”和 “telegraph”等。从那个时代开始,人们通过当时最新的媒体技术,体会人体如何跨越时空进行延伸。

九十年以后的今天,虚拟现实(virtual reality)成为人们口中最新的传媒技术,另一个“Tele—”开头的词语“tele—presence”成为互联网技术哲学中关于存在论的讨论主题。这个词和黑客帝国、网络游戏、虚拟现实联系在一起,可以翻译为“遥在”“电子临场感”等意,指人们以电子形象与身份出现在网络中。

而就在这样一个时刻,在中国大学的课堂上,我问学生:什么是电视?

底下开始窸窸窣窣地讨论。

“那么我们把问题问得更具体些:智能手机算是一种电视吗?平板电脑呢?”

“应该算吧。因为智能手机和平板电脑一样可以看视频啊,大多数电视台的节目内容在网上都能看到。”有学生回答道。

“应该不算吧。因为毕竟电视机尺寸要大很多,而且有遥控器。”有学生反对道。但他的反对马上引来了哄堂大笑。

“那么你们现在还看电视吗?”我接着问。

“宿舍没有电视机。”台下几乎异口同声地回答道。

每学期,学院的教学安排都要求各个专业领域的老师们给大学本科一年级的新生各开一次系列讲座性的课程。从2012年开始,我的讲座的主题一直都是“视听新媒体传播”。最初这个概念的叫法还不那么确定,有其他的学者称这个领域为“网络视频传播”或“在线视频传播”等。逐渐地,“视听新媒体”这个概念成为了多数人接受的说法。也从2014年开始,“视听新媒体传播”成为了学校研究生招生的一个专业方向。

大一的新生们虽然刚刚经历了三年高中的半封闭或全封闭式应试教育,但打开电视机看电视对他们来说已不再是一种奢侈,甚至不再有必要。智能手机的出现使得他们的“抗争式休闲”显得更加容易。尽管不少中学试图禁止学生在校内使用手机,但依然无法阻止新技术在这里扩散。学生们不必再像他们的学长们当年那样，半夜偷偷翻出学校的墙头去网吧刷夜；他们也不必将武侠小说封面包上《新华字典》之类的封皮。到了大学以后，宿舍狭小的空间更是很难让他们能够在电视机前坐在一起看一场球赛。

很难苛责大学本科一年级的孩子没有做出更好的回答。他们也当然还无法区分作为技术的电视、作为内容的电视、作为产业的电视、作为社会建制的电视彼此的区别。当谈及新媒体技术对视听领域的冲击时，我们惯常听到的都是政府部门的宏观政策、相关机构的远景战略，可恰恰忽略了从阅听人的角度、以民族志的方式去真正观察日常场景中"润物细无声"的变化。而真正的颠覆，恰恰就发生在这样的日常生活场景中，传统媒介和新媒体的代际性断档似乎就在这样的自然而然中习以为常。

当你翻阅词典，《现代汉语词典》还在用近一个世纪前的定义界定着电视机："利用无线电波传送物体影像的装置。由发射机把实物的影像变成电能信号传播出去，电视机把收到的信号再变成影像映在荧光屏上。电视除了用在文化娱乐和教育方面外，也广泛地用在其他技术和军事方面。"

正如乔布斯颠覆了"电话"、虚拟现实颠覆了"存在论"（being）、数字音乐颠覆了"唱片"一样，最本质的颠覆，就是对概念的颠覆。"什么是电视?"这个看似有点莫名其妙的问题，却是真正的问题的核心。在技术的变革前，我们的既有概念和认知框架似乎受到了极大的挑战。传统的电视机越来越弱化，而新的屏幕不断诞生。纵观人类媒介发展史中的每一次技术革命，都会带来全新的社会巨变，这种变化既包括经济的、政治的、文化的，也包括生活方式的。"电视"的概念，界定了这个领域的社会生产和组织形式、权力结构和边界。而技术性的变化却往往是从对既有概念内涵与外延边界的突破开始的，因此，从“概念”的角度进行的颠覆，往往是最彻底的颠覆。通过颠覆概念，进而重构一切。

变革的场景

场景一：二零零一年，北京时间九月十二号清晨。

“美国被炸了！”

正准备从宿舍出发上课的我听到隔壁俄语系的学生大呼小叫。

到了学院后，一个装有卫星电视的阶梯教室早已挤满了人。那间可以容得下80人的教室前后两侧都坐着站着熙熙攘攘的学生，还有一些外院系的同学也为了能看到半岛电视台而来。大家一边看着直播，一边议论纷纷，其中不少人是第一次听说半岛电视台这个名字。此后，该台因总能播发本·拉登的独家录音带而声名鹊起，但当天阶梯教室中的场景却让我至今难忘。

在中国，收看卫星电视有着严格的规定。1993年10月5日中华人民共和国国务院发布《卫星电视广播地面接收设施管理规定》，规定了国家对卫星地面接收设施的生产、进口、销售、安装和使用实行许可制度。个人不得安装和使用卫星地面接收设施。而由于当时我所在的是外语类院校，为了学习和研究之便开放了特别的卫星电视接收许可，这算是外语学院的一个特权。

而十余年后，阿拉伯革命、叙利亚危机、ISIS恐怖主义蔓延，这一系列国际重大时政事件正在社交媒体和视听新媒体的催化下风起云涌。卡塔尔半岛电视台在2010年就推出了自己的客户端，用户可以通过IOS或安卓系统的应用，随时收看半岛电视台阿拉伯语频道和英语频道的直播信号，也可以选择过往节目视频、文字图片新闻等板块。

图 0－1 从 2001 到 2016 年，国际新闻视频流从卫星时代走向网络时代

如今，只需在 iPad 上安装半岛电视台的 APP，在 Wi-Fi 环境中即可收看。原本需要通过国际通讯卫星和地面接收特许才能收看到的国际新闻频道，立刻以流媒体的方式呈现，且与卫星直播信号完全同步，还可以提供过往节目视频、文字图片新闻和观众互动讨论社区。

前后整整十年间，这两个定格情景提醒我们，互联网、移动端的技术已经完全改变了我们收看电视直播的方式，国际新闻传播的路径被改写，传统的规制也在技术本身“解管制”的力量下不知不觉被颠覆。

场景二：二零一五年，除夕。

还没有过晚上 10 点，家中老人早已昏昏欲睡，抱怨春晚节目不够好看。

与之相反，家里年轻一代却抱着电脑、手机，他们一边刷着微博、一边刷着朋友圈，时不时笑得前仰后合，兴奋地敲打着键盘说：“槽点太多了！”家中长辈却看得一脸懵。

这一年，中国的视频网站实现了春晚的第一次“弹幕直播”。用户一边观看直播，一边通过弹幕评论节目。互动模式的创新引爆了年轻用户的热情。截至除夕当夜凌晨 3 点的平台数据显示，这家视频网站春晚直播弹幕量突破一亿，巅峰时创造了同时在线人数超 1400 万的惊人成绩,成为全球单平台网络直播纪录。在 4 个多小时的春晚直播中,总播放次数超过 7000 万,累计播放时长超过 1.04 亿小时。

数据背后,意味着中国最重要的文化仪式场景被技术性地颠覆,或者用这家视频网站自己的说法,叫"攻陷"。

春晚,作为电视时代的中国客厅文化民俗,曾经既是最重要的家庭仪式,也是最重要的国家仪式。由于现代生活中公共仪式越来越少,连续 30 多年播出的春晚,便成为中国每年最隆重的文化仪式。如文化学者叶匡政所言:在这里,空间似乎消失了,天涯海角的人守着一台机器,在心理上加入到这场仪式中。在这里,亲身参与变成了实时旁观,自主体验变成了被动感受,民众对家庭的期望变成了对国家的想象。这种国家意识也改变着春晚的理念,比如将团圆变成团结,将家庭富裕变成国家繁荣,将亲人祥和变成民族复兴,将亲情爱情变成爱国之情。

春晚不仅是传媒研究的对象,更是文化研究、社会研究乃至政治研究的极好样本。因为如叶匡政所言,春晚表达与塑造的就是国家权威。早有学者认为,表演性的宏大仪式并不只是国家的政治手段,它是国家的目标,甚至就是国家。因为国家只有在各种象征性的仪式、会议或庆典上,才能被民众真实感知。于是,各种仪式也因此成为传播政治神话的最佳方式,它影响着人们对现实的理解和对国家合法性的认可。经过 20 多年的演变,春晚早已被成功地改造成了一种国家仪式,所以它的模式化也是一种必然。①

但伴随着社交网络和视听新媒体网站的兴起,这个重要的国家仪式的实践场景发生了巨变。

---

① 叶匡政:《当春晚成为一种国家仪式》,中国网,http://www.china.com.cn/culture/txt/2009-02/03/content_17218271.htm。

先是出现了“网络春晚”的概念，后来还有“农民工春晚”“打工春晚”的出现。这些概念以“另类仪式”的方式，表达了区别于央视春晚主流价值观和表现形式之外的内容。但很快这些概念多半迅速被主流媒体和商业媒体收编，成为了营销模式或者噱头，抑或在新鲜期过后被逐渐遗忘。

到了 2010 年前后，“春晚吐槽”的收看新方法开始流行。所谓“春晚吐槽”，是以社交媒体为主要平台、以移动终端为第二屏，借用网络上流传已广的亚文化范式，对“第一屏”上的春晚文本进行实时解读、解构并分享的过程。对这个定义最口语化的解释是：“如今不看吐槽都看不懂春晚了”，或者“看春晚吐槽最痛苦的一点就是：我都笑喷了却完全不知道如何向父母解释”。

图 0－2　从传统春晚到弹幕春晚

当然，除了通过社交媒体吐槽外还有更为简单粗暴的方式：弹幕。弹幕原本是军事术语，意思是子弹过于密集以至于像一张幕布一样，英文称“Bullet Hell”（子弹地狱）或“Bullet Curtain”（弹幕）。又因为日本 Niconico 视频播放器的评论功能很像是横版弹幕射击游戏，所以最后得名为弹幕。评论直接在屏幕上出现，视觉上之粗暴，从意义和表象两个层面都将原来的视频文本完全解构。或言之：精心构筑的、家国一体的文化仪式，被满屏的宋体五号字彻底瓦解。

场景三:二零一五年八月十二号夜。

2015 年 8 月 12 日 22 时 51 分 46 秒,位于天津市滨海新区吉运二道 95 号的瑞海公司危险品仓库运抵区起火,23 时 34 分 06 秒发生第一次爆炸,23 时 34 分 37 秒发生第二次更剧烈的爆炸。

数分钟后,微博、微信上开始流传由普通市民从距离爆炸现场不远处拍到的视频,场景之震撼、爆炸强度烈度之巨令人目瞪口呆。

图 0-3　由普通网友拍摄并上传的从爆炸不远处同一地点拍摄到的三次爆炸后的景象

中央电视台新闻频道于 8 月 13 日 1 时 16 分在《新闻直播间》口播消息"天津滨海新区一码头发生爆炸"并连线前方记者首发。为尽快将现场画面呈现在屏幕上,记者将手机拍摄的视频第一时间传给后方,凌晨 2 点《新闻直播间》头条播出,此后持续更新,并逐渐加大报道力度。《朝闻天下》6 点档首播"习近平对天津滨海新区危险品仓库爆炸事故作出重要指示,李克强就救援和应急处置工作作出批示"的时政新闻。10 点档《新闻直播间》中,播出无人机航拍画面,真实客观地记录爆炸现场仍有多处明火未扑灭,全景展现事故现场。

图 0－4　《朝闻天下》6 点档首播习近平、李克强对爆炸事故的指示与批示

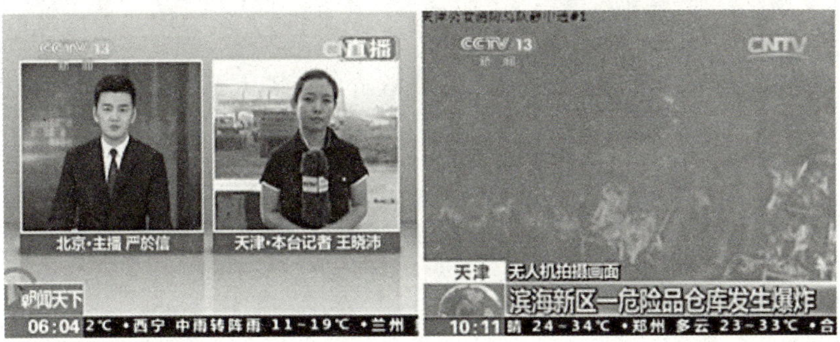

图 0－5　中央电视台记者王晓沛第一时间抵达现场，展开连线报道；10 点档《新闻直播间》播出无人机航拍画面，全景展现事故现场

“央视新闻”客户端于 13 日凌晨 0 时 41 分首发消息《天津滨海新区一码头发生爆炸 现场火光冲天》，6 时 3 分首发习近平对事故的批示，被多家媒体转载；“央视新闻”微博主持的话题“天津滨海码头爆

炸”“天津滨海仓库爆炸”8 小时阅读量超过 1.1 亿;“央视新闻”微信头条发布习近平对爆炸事故的重要指示,仅 30 分钟内阅读量就超过 10 万;央视网首页头条报道习近平重要指示,并开设专区及时跟进最新报道。

世界各国的主要媒体也纷纷开启突发性报道机制,将这起爆炸事故作为重点跟踪的新闻乃至头条新闻进行报道。CNN 驻华记者威尔·里普利(Will Ripley)[①]更是连夜驱车前往天津,在摄像师都未抵达的情况下,在北京时间早晨 6 点多,就利用普通的 4G 手机和通迅软件 Skype 与 CNN 的新闻档节目进行主播连线,在医院门前介绍现场救援进展。

而令人遗憾的是,天津本地的媒体却被远远地甩在身后。在爆炸发生后最关键的救援期,在普通天津市民最需要得到权威信息的时刻,在主流媒体最可能通过及时准确的报道树立自身形象的时候,本地媒体却纷纷无奈缺席。爆炸已过去十小时,天津卫视还在播韩剧《糟糠之妻俱乐部》,一连播出 4 集。这样的视若无睹引发了舆论的强烈反弹。有人这样评论道:“世界看天津,天津看韩剧”;更有知名媒体人批评天津是一座“没有新闻的城市”。

媒体机制体制僵化的负面效应还在发酵。四天后,8 月 16 日上午 10 时,爆炸事故举行了第六场新闻发布会。会上有记者提问:有关此

① 威尔·里普利(Will Ripley)毕业于密苏里大学,拥有新闻传播学学士学位,于 2014 年 1 月加入 CNN,驻扎在 CNN 的东京分部,报道面覆盖整个东亚和东南亚。在加入 CNN 之前,里普利已经是一名有着 15 年新闻报道经验的资深记者了。2004 年,当时年仅 22 岁的他就开始独自调查世界上最危险的贩毒集团之一 Los Zetas 的犯罪活动。在多年的记者生涯中,能说一口流利的西班牙语的里普利不仅经常出入美墨边境和南美毒品走私与黑帮械斗最猖獗的地方,而且还在福岛核电站爆炸后的灾难现场、尼泊尔地震灾区等一系列危险地带发出过一线报道,可以说只要有任何突发性灾难,就会有他的身影。同时,里普利多次造访朝鲜,接触过大量朝鲜官员、民众。

次爆炸事故救援由谁牵头、如何组织指挥？天津市委宣传部副部长龚建生回答："这个问题回去我再详细了解下。"时任天津市委代理书记、市长黄兴国更是在七天以后才出现在新闻发布会现场。

2015 年 8 月 18 日中纪委网站发布消息，安监总局局长、党组书记杨栋梁涉嫌严重违纪违法，目前正在接受组织调查。

2016 年 9 月 10 日，中纪委网站消息：天津市委代理书记、市长黄兴国涉嫌严重违纪，目前正接受组织调查。

以上说到的三个场景其实在如今比比皆是，是日常生活中人们早已习以为常的一幕。之所以重点提出这三个场景，是因为它们恰好可以从信息的传递和仪式角度去窥探转型的发生。场景一代表着传播的传递观(a transmission view of communication)，从信息传递的角度去审视技术的扩散对于原有的结构造成的本质性影响；而场景二代表着传播的仪式观(a ritual view of communication)，分析春晚的家国符号、历史记忆的塑造和重构，以及视频网站弹幕技术所造成的新仪式和新场景；场景三更是直接表明了中国广电融媒体转型的核心诉求和痛点：如何突破体制机制惯性？如何再造主流媒体？

"再造主流"：中国广电的转型动力与压力

我国传媒产业变革的动力一方面来源于自上而下的政治、经济、文化体制改革，同时也来源于自下而上的传媒技术革命，多元动因交光互影、相互建构。近年来在电视与新媒体业界，视听业务的传播主体日趋多元化、内容来源广泛化，这导致电视与网络视听新媒体之间呈现出此消彼长的动态变迁。

中国的主流媒体传统上是指影响力大、起主导作用、能够代表或左右舆论的省级以上媒体,主要是指中央、各省市区党委机关报和中央、各省市区广播电台、电视台以及其他一些大报大台。然而关于主流媒体的界定一直存在争议,主要原因是作为“主流媒体”的影响力不断地受到所谓“非主流”媒体的挑战:先是由于媒体部分市场化后,商业媒体往往能获得更大的舆论影响力;而当前由于新型媒体的兴起,技术本身的“解管制”能力也使得传统主流媒体与新媒体间呈现出所谓的“两个舆论场”的态势。由于传播快、影响大、覆盖广、社会动员能力强等特征,新媒体的快速发展彻底改变了传统的舆论结构。此外,传统媒体由于自身的媒体技术属性还面临严峻的生存危机。近年来,传统媒体广告正遭遇新媒体的蚕食,甚至面临“断崖式”的下滑。

事实上,传统主流媒体在新媒体的发展之路上并非新兵。早在2000年左右第一波互联网热潮的时候,不少传统主流媒体就已经开始尝试建立网站等新媒体镜像。这一批主流媒体在门户网站时代的尝试尽管也有一些“高光”时刻可圈可点,但总体而言乏善可陈。如果说门户时代尚且可以艰难地跟随,那么进入社会化媒体和移动互联网时代后,主流媒体在新媒体之路上就几近彻底掉队。如今,部分经营了十多年的平台已经形同鸡肋。最主要的原因就是传统媒体在整体运营上保留了传统的理念,仍然以传统思维指导内容的生产、传播和评价,导致在媒介融合中没有竞争力。①

中国广电行业正处于反思与展望、承上启下的重要节点,面对日新月异的传播科技变革,中国广电业面临无穷的挑战和机遇。一方面,跨屏视角下的内容产业发展、台网融合的突破与节目创新成为业界和学界关心的核心命题;另一方面,新兴的互联网媒体也面临着成

① 周逵:《传统主流媒体的跨平台传播现状及问题分析——以北京市属主流媒体为例》,《东南传播》2015年第9期。

长的烦恼，比如经过混沌期之后现在正面临着规则和生态重建。所以怎么样管理、怎么样监管、怎么样建立行规和操守，这是政府的困惑；商业属性的视频网站也面临着如何与主流的意识形态、政府的法规监管相适应的难题，这是新媒体的困惑；国有的主流媒体则纠结于现在怎样突破旧有的思维和新兴媒体相融合，如何坚持主流的价值观又能够适应商业规律，这是传统媒体的困惑。

双重危机下，传统主流媒体也开始了体制性的自救。习近平总书记在"8·19 讲话"中指出，要推动传统媒体和新兴媒体在内容、渠道、平台、经营、管理等方面的深度融合，形成立体多样、融合发展的现代传播体系。媒体融合的根本不在于传播介质的统合，而是要优化传统媒介的功能，培养和满足个性需求，在动态过程中创造出新的信息价值。从传媒管理者和政策制定者的顶层思路来看，在媒体融合发展形势下，如何应对舆论结构的变化，加强媒体内容管理、确保正确导向是摆在面前的突出问题。"这就迫切要求坚持正面宣传为主，巩固壮大主流思想舆论，弘扬主旋律，传播正能量，激发全社会团结奋进的强大力量。"①

概念的嬗变：从"全媒体"到"融媒体"的主流媒体转型之路

从"全媒体"到"融媒体"，是中国传统媒体转型探索的历程，也是从认识论到方法论上多年来试错的结果。从"全媒体"到"融媒体"，也是中国广电学者和业界同仁多年探索的阶段性提升。

如果回顾"全媒体"概念的提出，其实早在 2006 年 9 月发布的《国家"十一五"时期文化发展规划纲要》和 2007 年 11 月发布的《新闻出

① 蔡赴朝：《始终坚持正面宣传为主 巩固壮大主流思想舆论——深入学习贯彻习近平同志在全国宣传思想工作会议上的重要讲话精神》，人民网，http://politics.people.com.cn/n/2013/0925/c1001-23024379.html。

版业"十一五"发展规划》两部文件中,就确立了"国家数字出版系统工程"的发展规划,该工程中就包括"全媒体资源服务""全媒体经营管理技术支撑平台""全媒体应用整合平台"等建设项目。这应该是"全媒体概念"作为媒介发展方向首次在我国以官方文件的形式提出。①

新安晚报
962000
新安晚报跨进
全媒体时代
全媒体
安徽第一支全媒体采编队伍今日诞生

图 0-6　2010 年 12 月 5 日《新安晚报》在报纸头版宣布自身"跨进全媒体时代"

2008 年以后,伴随着北京奥运会的成功举办,全媒体一词开始在中国的新闻传播界被更多的人所提及。不少传统媒体纷纷提出自身的全媒体战略,从报道形式、媒体介质样态和营销等不同的层面提出了全媒体的发展路径。2008 年 3 月,烟台日报传媒集团首创了"全媒体新闻中心"。

2010 年,新华社新闻研究所课题组发布的《中国传媒全媒体发展研究报告》对这一时期的发展进行了阶段性的总结。该报告将业界提出的全媒体发展方式分为两种主要观点:

其一,从报道工作流程角度出发,其认为多媒体化是指一种业务运作的整体模式与策略,即运用多种媒体手段和平台来构建大的报道体系。单一报道仍然可以是单媒体、单平台、单落点的,但是它们共同组成一个大的报道系统。报纸、广播、电视与网络是这个报道体系的共同组成部分。

① 姚君喜、刘春娟:《"全媒体" 概念辨析》,《当代传播》2010 年第 6 期。

其二，从媒介组织结构角度出发，其认为多媒体发展的前提是组织结构的调整和变革，大众媒介从各自独立经营转向多种媒介联合运作，尤其是在新闻信息采集发布上联合行动，能最大限度地减少人力、资金和设备的投入，降低新闻生产成本。而且，不同类型媒介的联合运作，能够对已经占有的媒介市场起保护作用。比如报纸因为电视、网络媒介等竞争对手的出现市场不断被侵袭，发行萎缩和广告销量下降在所难免，产品单一、单独运营的报社很难应付市场变化。但在集中和融合的媒介集团中，不同的媒体可以通过生产流程的设计和控制实现资源重整，利用不同类型媒介的介质差异，在新闻信息传播上实现资源共享而又产品各异，化竞争为合作，结果就能联手做大区域市场。①

由上可见，中国媒体早期“全媒体”概念的提出和践行主要是围绕着彼时已经危机四伏的报业，而广电媒体开始“全媒体”之路的转型多从 2010 年以后开始。2010 年前后，中国网络电视台和央广广播电视网络台先后开播，标志着电视和广播媒体也开始向全媒体发展。

2009 年 12 月 28 日，中国网络电视台正式开播，这是我国视听新媒体发展的一个里程碑，也是我国电视行业介入全媒体建构的重要起点。我国省级网络广播电视台的“首张绿卡”——安徽网络广播电视台于 2010 年 7 月正式启动。随即黑龙江、湖北、江苏等省级网络广播电视台陆续开播，诸多市级网络广播电视台亦相继涌现。深圳广电集团从 2010 年开始打造全媒体集群，整合全媒体力量，试图建成我国第一家提供一站式服务的全媒体运营平台。广播媒体的全媒体探索始于 2010 年 8 月中国国际广播电台开办的中国广播电视网络(CIBN)。

① 新华社新闻研究所课题组:《中国传媒全媒体发展研究报告》,《科技传播》2010 年第 4 期。

紧随其后,中央人民广播电台也于同年 9 月获准建立央广广播电视网络台,这是我国国家级网络广播电视台,也是继中国网络电视台之后又一个以网络视听节目传播及互动服务为核心的全媒体播出机构。中央人民广播电台 2010 年年初还成功开办了中国第一份有声手机报,与之并行的中国国际广播电台则在获得 IPTV 牌照之后又于 2010 年初步建成了基于移动互联网、面向手持终端的英文信息平台——移动国际在线,大大拓展了自身的全媒体建构。①

随着围绕"全媒体"所进行的转型实践的不断丰富,这个概念本身的局限性也不断凸显。不少学者质疑"全媒体"的概念并不严谨,内涵与外延都很难界定,在国外也很难发现严肃的学术论著和业界讨论,就连英文的全媒体(omnimedia)一词实质上来自于美国一家名叫 Martha Stewart Living Omnimedia(玛莎·斯图尔特生活全媒体)的家政公司,与国内讨论火热的媒体转型可谓风马牛不相及。

唐润华、陈国权梳理了"全媒体"概念在中国的传播和主要内涵,认为一些人偏重于从传播形态的角度来解释"全媒体"概念,有人把"全媒体"理解成对事件的一种报道方式,也有人将"全媒体"视为一种经营模式。但无论哪种,都只偏重某一个层面或领域,因此难以对"全媒体"的内涵和外延作出一个准确清晰的界定,这就造成了"全媒体"概念混乱不堪的局面。②

也有学者坦言全媒体本身就是中国本土创造的概念,反映了本土理论和实践在这一阶段的深度。嵇美云、查冠琳、支庭荣等学者就认为,如果延伸解读的话,全媒体概念中甚至隐含着东方式的整体主义的身影。"全媒体"不等于"大而全"的空想,但是必须量体裁衣。是不

---

① 石长顺、景义新:《全媒体的概念建构与历史演进》,《编辑之友》2013 年第 5 期。

② 唐润华、陈国权:《走出"全媒体"的集体迷思》,《新闻记者》2011 年第 4 期。

是真正的“全”不重要，“求全”才重要。“全”中蕴涵了实时指挥、交互协作、规模经济和企业家精神。[①]

彭兰教授早在 2009 年就提出疑问，媒介融合是否就等于全媒体化？她认为全媒体化只是通往媒介融合的未来的一个途径，一个阶段性的战略，从全媒体化到媒介融合中间还有诸多关键问题需要解决，如：全媒体新闻如何才能成为融合新闻？背包记者是不是融合时代理想的记者？全媒体化是不是媒体产品发展的唯一思考？全媒体化是否一定要构建全媒体平台？[②] 这四个问题的提出，如今看来个个振聋发聩。胡正荣教授也指出，全媒体并非国内传统媒体所想象的那样开个“两微一端”就媒体融合了，从开始就要全方位地开发，要全产业链的，上游到下游的，这才叫做媒体融合。[③]

> 现在你说是全媒体大，还是融合媒体大，实际上这两个中间没有大小之分，关键是什么，是物理属性和化学属性的问题。
>
> ——据课题组对某省广电管理层的访谈

党的“十八大”以来，以习近平同志为核心的党中央高度重视传统媒体和新兴媒体融合发展，习总书记多次在不同场合强调媒体融合发展的重要性。

2013 年 8 月 19 日，习近平在全国宣传思想工作会议上的讲话中提到：要适应社会信息化持续推进的新情况，加快传统媒体和新兴媒

---

① 嵇美云、查冠琳、支庭荣：《全媒体社会即将来临——基于对“全媒体”概念的梳理和剖析》，《新闻记者》2013 年第 8 期。

② 彭兰：《如何从全媒体化走向媒介融合——对全媒体化业务四个关键问题的思考》，《新闻与写作》2009 年第 7 期。

③ 胡正荣：《媒体的未来发展方向：建构一个全媒体的生态系统》，《中国广播》2016 年第 11 期。

体融合发展，充分运用新技术新应用创新媒体传播方式，占领信息传播制高点。

2013 年 11 月 15 日，新华社播发习近平关于《中共中央关于全面深化改革若干重大问题的决定》的说明，提到：整合新闻媒体资源，推动传统媒体和新兴媒体融合发展；推动新闻发布制度化。

2014 年 8 月 18 日，习近平在中央全面深化改革领导小组第四次会议上的讲话中多次提到"融合"，他指出：推动传统媒体和新兴媒体融合发展，要遵循新闻传播规律和新兴媒体发展规律，强化互联网思维，坚持传统媒体和新兴媒体优势互补、一体发展，坚持先进技术为支撑、内容建设为根本，推动传统媒体和新兴媒体在内容、渠道、平台、经营、管理等方面的深度融合，着力打造一批形态多样、手段先进、具有竞争力的新型主流媒体，建成几家拥有强大实力和传播力、公信力、影响力的新型媒体集团，形成立体多样、融合发展的现代传播体系。要一手抓融合，一手抓管理，确保融合发展沿着正确方向推进。

在这样的顶层话语的指导下，"融合"成为了主流媒体转型的新关键词，而"融媒体"也逐渐取代"全媒体"成为新的共识凝结。学者栾轶玫在《光明日报》发文《建议用"融媒体"代替"全媒体"》提出："融媒体"的科学性在于其前提是介质门类齐全的"全媒体"，没有"全"何来"融"？因此，"融媒体"的概念已经涵盖了"全媒体"的题中应有之义。此外，除了包含媒体要"全"的意思外，"融媒体"还注重各个介质之间的"融"，即打通介质、平台，再造新闻生产与消费各个环节的流程，熟稔各类采编技能等。可谓一字之别，样貌两重。[①]

① 栾轶玫：《建议用"融媒体"代替"全媒体"》，《光明日报》2014 年 12 月 27 日。

广播电视媒体与新兴媒体融合发展是大势所趋，是广播电视媒体革新图存、赢得未来的必由之路。2016 年 7 月，国家新闻出版广电总局发布《关于进一步加快广播电视媒体与新兴媒体融合发展的意见》（以下简称《意见》），提出力争两年内，广播电视媒体与新兴媒体融合发展在局部区域取得突破性进展，形成几种基本模式的总体目标。

《意见》指出，广播电视媒体与新兴媒体融合发展的总体目标为："十三五"后期，融合发展取得全局性进展，建成多个形态多样、手段先进、具有竞争力的新型主流媒体，打造出数家拥有较强实力的新型媒体集团，基本形成布局合理、竞争有序、特色鲜明、形态多样并具有可持续发展能力的中国广播电视媒体融合新格局。

《意见》提出九项重点任务，分别为：树立深度融合发展理念、加快融合型节目体系建设、加快融合型制播体系建设、加快融合型传播体系建设、加快融合型服务体系建设、加快融合型技术体系建设、加快融合型经营体系建设、加快融合型运行机制建设、加快融合型人才队伍建设。在树立深度融合发展理念方面，要把握媒体融合发展大势，增强广播电视媒体与新兴媒体深度融合的紧迫感。以深度融合思维统领广播电视发展顶层设计和媒介资源配置，推动广播电视媒体与新兴媒体融为一体、合而为一。此外，《意见》还提出加强组织领导、加大政策扶持力度、加强知识产权保护、完善融合考评体系等四项措施，对推进广播电视媒体与新兴媒体融合发展实施保障。

研究的缘起与设计

在这样的背景下，笔者从 2015 年底至 2016 年底策划、实施了针对中国省级卫视融媒体发展现状的调研。在近一年的时间里，课题组走访调研了中国主要的省级卫视，进行了几十场细致、深入的访谈。

访谈对象既包括中国主要省级广电的最高决策层和操盘人、各大卫视频道的总监、各广电新媒体或融媒体部门的主要负责人和执行者、卫视及融媒体部门的内容、营销、版权和技术部门的负责人，各卫视新闻资讯、综艺娱乐等知名栏目的制片人和具体业务模块的负责人，也包括各省 IPTV、OTT 和数字电视业务的主要负责人等，并对关键的生产和传播环节进行了参与式观察，试图真正深入到广电融媒体运作的机制与机理之中，探寻现状，厘清逻辑。

本次调研采取定性和定量研究相结合的方法，采用真实、可信的数据来源，对可客观量化的指标进行科学性指标体系设计和评价。同时，也采用匿名评价和深度访谈等质化研究方法，在提供数据性描述的基础上，更加依托科学的定性研究，对数据背后的机理、评价和问题进行深度的研究，最终形成一套科学的、有公信力的发展研究成果。

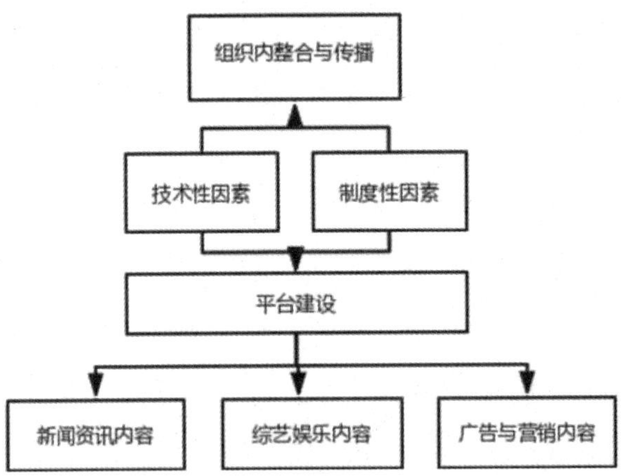

图 0-7　本书写作的逻辑结构

广电融媒体的发展，既包括技术性的平台搭建，也包括制度性的设计，还包括内容的建设。课题组认为，融媒体传播能力建设的动因包含技术性因素和制度性因素两方面，并由此出发，将融媒体传播能力分解为融媒体平台传播能力、融媒体新闻资讯内容传播能力、融媒体综艺娱乐内容传播能力和融媒体营销传播能力四个层面。

第一，融媒体平台建设是传播能力的物理基础，平台传播能力首先表现为媒体组织内制度和组织内传播整合能力。“融媒体”尤其注重各个介质之间的“融”，特别是如何通过平台建设实现组织内各元素的融通，因此平台建设对于融媒体传播能力有着决定性作用。另外，融媒体平台还包括新媒体端口的传播效果、广电机构与外部组织因素进行交流和链接的能力及程度等。

第二，融媒体新闻资讯传播能力的发展是广电融媒体转型的重要内容。在中国传媒技术和规制变革中，对于新闻舆论工作的强调是所有传统媒体的新媒体转型的体制性原生要求。而从新闻资讯传播的角度看，体制内媒体依然拥有一定的竞争优势。受众对电视的信任依然是电视媒体的重要资产。如何利用好宝贵的可信度资源，做好新闻资讯服务，再造融媒体时代的主流资讯传播媒体，是当前广电融媒体转型的重要课题。

第三，在媒体融合发展的大背景下，综艺娱乐内容的传播方式产生了根本性变革，融合成为其中最重要的关键词。目前，广电媒体在综艺娱乐内容生产上有着较为明显的先发优势，与此同时，由于各类新兴媒体和渠道不断涌现，以综艺娱乐内容为武器而进行的各种用户争夺战也在不断上演中。

第四，融媒体营销对于整个传媒行业来说还处于一个草创阶段，各家媒体在通过不断地突破、融合谋求新的发展。由于目前国内媒体环境十分复杂，不同媒体之间的情况也是千差万别。

第一章　渠道突围与机构再造：广电融媒体传播平台

是借船出海，还是自建方舟？

——据课题组对某省广电高层的访谈

平台传播能力是广电媒体机构融媒体发展过程中必然考察的维度，也是衡量广电媒体融媒体发展阶段的重要方式。平台传播能力是一个综合性的维度，包含很多方面的考察要义。在调研过程中，笔者将平台传播能力拆解为以下几个方面：(1)各广播电视台新媒体平台的建设状况；(2)平台本身在新媒体端口的传播效果；(3)广电内部融合过程中能够达到的深度和广度；(4)广电机构与外部组织因素进行交流和链接的能力和程度等。经过这样的破题式分解，就可以从广电媒体的组织传播、大众传播和精细化的分众传播等多个视角对平台传播能力切入，以探寻平台传播能力对广电融媒体发展的重要作用。

整体来看，广电媒体在融媒体发展过程中呈现出一定的积极发展趋势，目前已经取得了不少阶段性的发展成果和有代表性的案例，甚至从这些案例中有可能产生一些具有代表性和领先性的发展模式。但也要看到，融媒体发展过程中充满着重重阻力，尚存着各种机制体制掣肘，需要通过顶层设计和技术资源的辅助进行改革；各平台之间

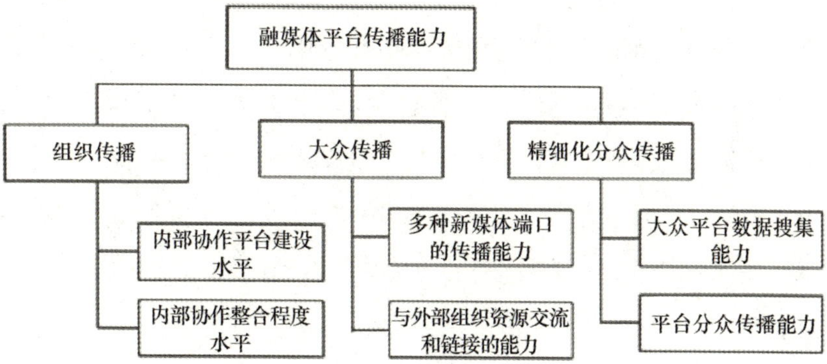

图 1－1　融媒体平台传播能力

发展的差距也正在变得越来越大,真正具备可复制性的案例还没有出现;放在整个视听新媒体发展格局之中,广电融媒体发展整体并不算强势。因此,广电融媒体转型发展还需要持续投入建设和继续深入发展。

第一节　广电融媒体平台的历史演进与现状特征

广电媒体开始进行新媒体探索的时间其实非常早。早在门户网站在中国兴起之时,广电媒体就已经意识到要建设自己的网站,作为互联网端口的传播阵地。早期的广电系网站多以电视台"官网"的形式存在,内容多数为本台的简单介绍,内容陈旧、更新频率低、传播能力极其微弱。这一类型的网站有些迄今依然存在,但多数早已经无人问津。

随着网络视频和互联网电视等新兴技术手段的不断发展,广电媒体也开始谋求建立自己在新媒体平台上的视频传输通道,如网络电视台、IPTV、互联网电视的建设等。随着移动互联网时代的到来,各类移动端口的产品也被广电传媒所重视和利用,各类新闻客户端和影音娱乐客户端开始被相继推出。同时,在全媒体发展时代,诸如微博、微信等社会化媒体或自媒体平台成为广电媒体融合转型和平台传播能力建设的重要通道和工具。在第三方平台上抢占和建设自己的新媒体阵地,或利用第三方媒体平台为自身的内容进行营销和传播等,在当下都成为一些媒体融合发展的主流手段。

一、广电融媒体平台建设的历史阶段性发展

广电融媒体平台建设实际上是伴随着以互联网为依托的中国新兴媒体的技术迭代和产业进化而不断发展起来的。广电融媒体平台建设探索的脉络与中国互联网媒体发展基本上一脉相承。

1.门户网站建设时代

在商业门户网站发展得风生水起的时代,由于人们开始有了一种全新的获取资讯的替代性渠道,从而对报纸等传统媒体造成了巨大的冲击。在门户时代,因广播电视本身的视音频传输的特征有着相对较高的网络基础设施技术门槛,因此其本身的主体地位并未因商业类门户网站的发展而受到太大影响,但很多广播和电视台也开始意识到互联网门户平台作为新兴的信息传播载体的重要作用,纷纷开始搭建自己的门户网站。

电视台网站的出现最早可追溯至1996年12月,央视国际的诞生拉开了我国电视媒体上网的序幕。同年,凤凰卫视以企业网站的形式创办了凤凰网(phoenixtv. com)。1998年,上海电视台、上海有线电视台、东方电视台、上海卫星电视制作中心等电视媒体也都在同一年开设官网。

在这一领域最早布局的央视网站，它的发展历程伴随着中国媒体网站的发展脉络，见证了中国媒介网站的产业化进程。1997 年 1 月 1 日，中央电视台央视国际正式开通，2001 年 5 月 25 日归入新成立的中央电视台总编室网络宣传部，明确为节目宣传部门。2006 年 4 月 28 日，中央电视台网络传播中心成立，央视国际网络有限公司挂牌，对外简称央视网。2008 年初，央视网进行了一次较大规模的页面改版，对内容进行了重新整合，更加注重与网友的互动，比如博客、播客、个人空间等形式。

湖南卫视的金鹰网始建于 2004 年，是湖南省重点打造的新闻网站和主流商业网站，开设综艺、影视剧、音乐等专业性频道，构建一站式娱乐服务。金鹰网是拥有互联网新闻信息服务许可证、信息网络传播视听节目许可证、互联网出版业务许可证等运营资质的主流网站。早在门户时代，金鹰网就是国内省级电视台视频网站中的表现优异者。金鹰网已经于 2014 年与芒果 TV 进行改版融合升级，并推出全新“芒果 TV”网络视频平台，新平台对外呼号“芒果 TV”，采用原金鹰网域名。它也是极少数可以与商业类视频网站相提并论的广电系网站。

早期作为门户出现的电视台网站功能多数比较简单，多为节目、频道、主持人的基本介绍。虽然坐拥电视台的知名栏目、强大的原创制作能力，但技术的缺乏、投入的不足以及产权归属的不明晰，导致多数此类网站沦为鸡肋网站。不少栏目组宁愿把自己的节目免费上传到一些商业性网站上，以求扩展自身的影响力，也不愿意使用“自家”的平台。如今随着渠道和媒介传播环境的变化，几乎所有的广电门户网站在功能和定位上都发生了变迁，与各地新组建的网络电视台进行重组升级成为一种普遍的选择。

2. IPTV、OTT 建设时代

随着国家三网融合战略的不断推进,IPTV 和 OTT 的发展很长时间里成为广电新媒体发展的重中之重。各省市和各大广电机构开始了 IPTV 和互联网电视的建设和布局。

2005 年,上海文广与中国电信合作在上海推出 IPTV 业务,并获得国内第一张 IPTV 牌照,以百视通为品牌,历经十余年发展。此后,包括江苏、北京、河北、深圳等地和各大广电机构都开始积极推行 IPTV 业务。

OTT 互联网电视也是广电媒体在近两年布局的重点,得益于政策上的优势,广电系互联网电视在近几年发展迅速。以百视通和芒果 TV 为代表的广电新媒体都推出了 OTT 机顶盒和一体电视机产品,参与激烈的 OTT 市场竞争。

3. 网络电视台建设时代

从 2009 年开始,随着商业视频网站的不断崛起,网络视频媒体逐渐得到发展,各广电机构也开始着手建立自己的网络电视台。中国网络电视台(CNTV)于 2009 年 12 月 28 日正式开播,定位于全媒体、全覆盖传播体系的网络视听公共服务平台,CNTV 目前有新闻台、体育台、综艺台、电影台、电视剧台、经济台、科教台等专业化频道。

几乎在同一时期,一些省级广电媒体的互联网视频平台也相继上线。如浙江广电集团旗下的视频网站新蓝网于 2009 年 12 月 28 日上线,其整合浙江广电旗下 18 个广播电视频道的相关资源组建而成,立足于“民生、娱乐、互动”三大主题,涵盖新闻、影视、娱乐、财经、时评等门类和产品。2015 年 7 月,浙江广电的视频播放平台“中国蓝 TV”正式上线,该平台以综艺为主体,整合了浙江卫视及浙江广电集团各频

道资源。这意味着又一个广电系视频平台建立，央视、上海、湖南、浙江几大广电集团都拥有了自己的视频网站。

同样在2009年，北京台也制定了《北京电视台新媒体与传统媒体发展战略规划》。2014年1月8日，北京网络广播电视台BRTN开播，是北京电视台全媒体布局的重要一步，北京网络广播电视台、BTV网络春晚、BTV官方微博微信平台、北京IPTV、BTV大媒体移动客户端软件等产品相继被推出。

4.移动互联网时代平台化建设

随着宽带、4G业务的大规模普及，各类智能终端开始占据人们生活的主流，占领移动端就成为移动互联网时代广电融媒体发展的重要战略目标。

客厅战略和移动战略是芒果TV在当下发展的两项重要战略，除了互联网视频平台、IPTV、互联网电视等牢牢占据客厅端口之外，手机电视、视频影音APP、芒果直播APP、多端硬件的打造等也都是芒果TV发展过程中的重点，进而形成全新的芒果生态圈。

江苏网络电视也已经形成了“6＋1”的产品格局，包括PC端的荔枝网和荔枝新闻，移动端的荔枝新闻、手机电视、荔枝社区、乐享电视、无线江苏，互联网和移动互联网多元传播渠道并行拓展。“云组团、多终端”是江苏台在融合发展过程中的一项重要战略，全新建设的“荔枝云”从技术架构上为融合奠定了基础，而多终端布局则是产品端口的布局策略所在。

SMG在移动互联网时代也积极布局，其核心运营理念是BesTV Anywhere。百视通手机电视从2005年就已经开始布局和打造，目前日活跃峰值达300万。直播、独播和首播内容是百视通手机电视内容建设方面的定位，而将手机小屏和电视大屏联动起来，建设成为综合类服务 APP 是百视通手机电视未来的一个重要方向。融媒体中心全力打造的看看新闻 Knews 向东方卫视、BesTV 等渠道提供新闻内容产品和 24 小时不间断新闻流，全新上线的看看新闻 Knews APP 客户端是其占领移动端的最重要的一个渠道，以期打造真正的融媒体新闻产品。

浙江广电在融媒体发展过程中的移动端战略转型思路也非常清晰，除了全力打造的综艺视频网站"中国蓝 TV"布局了移动端外，还包括中国蓝新闻、蓝天云听等移动化产品。而浙江卫视新闻中心除了打造电视端口的新闻内容以及与中国蓝新闻形成联动之外，也积极与外部渠道进行嫁接和联动，其微信订阅号和服务号目前已经拥有百万以上的订户，在一些大活动和大直播上产生了积极的联动效果，如灿鸿台风、2015 年"两会"等报道。

二、广电融媒体平台发展特征

各大广电媒体机构融媒体平台建设已经展开，布局已经开始，并均已取得一定的成绩。但总体来讲，目前广电融媒体转型发展整体还处于探索阶段，局部成绩大于整体成绩，融合发展力还不够充足，还缺乏真正有代表性和可供大规模推广的案例出现。下文总结了广电融媒体在当下的发展特征。

1. 融媒体平台定位：主体性与开放性并存

> 哪怕我只有三个五个团队，但是社会上有五十个、五百个团队可以为我所用，这就是我在内容生产上一种开放性的策略。互联网整个运作思路也是开放性的，我觉得这个是真正的互联网精神。你如果不开放，你谈何融合？然后你要有意跟人家分享。所谓的强强联手，就是一定要把自己的强，

用来释放对方的强。不是要用自己的强来限制对方的强。这样做你才能够把蛋糕做大。蛋糕做大，你哪怕只分到45%，但是你的实际分得比原来你想拥有的会更大，这就是所谓的分享精神。

——据课题组对某省广电高层的访谈

纵观各广电媒体在融媒体平台搭建上的理念和路径可以看出，其中既有基于自身主体性的新媒体平台搭建，也有借助于外部平台进行自身融合转型发展的探索和尝试。以我为主、坚持主体性与开放性并存，成为目前广电融媒体平台建设的主流思路。

搭建自身的主体性平台是广电媒体目前在融媒体转型发展过程中的一种普遍选择。从门户网站到网络电视台、IPTV、OTT 再到如今移动端各类产品的布局，传统广电在主体性平台的搭建上一直在积极探索，试图通过丰富自身渠道和产品的布局来实现战略转型。同时，与电信、移动、联通等运营商的合作，与硬件厂商的合作，与微博、微信等自媒体平台的合作，与腾讯、爱奇艺、合一等视频网站的合作，也是各大广电机构在产品布局与营销和内容传输过程中的一种普遍选择。

不管是自建平台还是保持适度的开放性，本质上都是对既有广电机构内部组织架构和机制的重塑。因为新的组织架构和内外交往方式打破了原有广电机构内部的传统思维，引入了新的资源和话语体系。惯常于“做节目”的广电媒体，客观上为了与市场型资源配置对接，逐渐开始引入市场型的语法，进行组织结构内外的对话。“产品”“价值”“生态”等商业网站常用的话语方式，也被逐渐引入到传统的广电媒体之中，但与此同时，传统广电也保留了原有的“导向”“价值观”等话语方式。在这样的多重话语方式的互动中，广电媒体开始探索两种体制、两套结构、两种考评标准的对话和交融。

> 支点撬动，充分发挥资本的燎原势能。
>
> ——据某省广电高层的公开演讲

> 如果从新媒体这个单独的维度来看的话，我觉得第一步走出去的就是“产品化”，这很重要，这是转变。因为信息服务也是一种产品，变成产品以后，属性就变得很多了。当然，不是说变成产品以后就没有了舆论导向的属性。当然也有舆论导向，因为高品质的传播能力也是一种正确价值观引导的保障。第二步是要打造系列化的产品，形成一个群。这个群形成以后，那就形成了我们新媒体自身的一个小的生态。这种生态形成以后，聚集在不同类型产品的产业链条上下游的东西，就会附着上来。
>
> ——据课题组对某省广电高层的访谈

以 SMG 为例，其在融媒体平台建设上一直在循序渐进地进行布局。百视通在各个端口都取得了一些成绩，全新建设的看看新闻 Knews 也可以被看作是传统广电媒体在移动时代抢占舆论阵地、进行新媒体平台建设的一次尝试。以我为主，才能够占据更多的主动权，这成为了一种自上而下的共识。但与此同时，开放性也是 SMG 在融媒体转型过程中坚持的原则，通过体制机制的搭建，对内部要素进行耦合的尝试，这实际上是开放性在内部结构重整中实现的基础，而在渠道、产品以及内容上与外部进行勾连，则是这种开放性最显著的表现。

2. 技术与渠道壁垒逐渐被打破

> 我们最终的目标是形成平台。但一个平台的形成光靠新媒体渠道没有办法实现，所以靠的是什么？靠的是以内容为根

本。内容进行了产业延伸以后，其他要素才可以融进来。

——据课题组对某省广电高层的访谈

目前，在广电融媒体转型的过程中，渠道和技术上的建设是最被看重的两个因素，各媒体也取得了一些成果。与商业视频网站以技术起家不同的是，传统广电的优势并不在技术，而是在内容生产。因此长期以来，广电机构在转型过程中一直在为技术上的短板买单，试图通过加大力度进行技术改造和升级换代，引入新媒体技术人才，为技术发展提供动力。

纵眼看去，各广电媒体在内容生产和营销渠道上的各类硬件建设也在积极进行，试图利用全媒体形态，在客厅端和移动端进行积极布局，发展包括网络电视台、影音视频网站、IPTV、互联网电视、移动端APP在内的不同端口和渠道。目前各广电媒体能够自身建设或者利用的渠道通路已经足够丰富，并且还在随着媒介环境的发展不断创新，部分广电媒体的技术团队甚至来自于商业视频网站。

因此可以说，广电融媒体和商业视频网站在技术和渠道上的壁垒在如今的环境下一定程度上已经被打破。尽管二者还存在一定距离，但这种距离一定程度上不是由技术和渠道本身的壁垒造成的，而是由资源投入、机制变革等内在力度上的差异造成的。

事实上，越来越多的传统广电媒体已经意识到，媒体融合在平台和渠道上的建设固然重要，但对于当下的广电媒体融合来讲，最根本的还在于内容上的融合，而内容上的融合背后则蕴含着人才上的融合，这是目前广电融媒体发展过程中的重点也是难点所在。

3. 个别探索强势崛起与整体发展不足

在目前来看，不少电视台依然把新媒体当成是附属，为什么？这是由体制所决定的。融媒体发展需要领军人，要有

> 一种改革家的担当和勇气,要有一种价值观的取舍。新媒体是什么?新媒体是烧钱的,一烧钱就是大钱,所以许多人宁可做一些小规模的投入。没有一种魄力、没有多年积累形成的那个家底、没有这样一个有决心的标杆性领军人物并以改革家的勇气向前冲,是很难成功的。
>
> ——据课题组对某省广电高层的访谈

纵观当下整个广电融媒体发展的境况可以看到,在经过近十年时间的发展后,目前各大广电机构在平台建设上都有所布局和发展,并且已经取得了一些进展和成果,个别广电机构在融媒体探索上已经取得了阶段性的重要成果,并且还在进一步加大融媒体布局的投入和探索力度。但是也应该看到,从整个广电媒体的融媒体发展来看,呈现出整体发展不足的状况,还没有找到融合发展的路径和入口,很多广电机构对融合发展的整体战略重视程度不足。

目前,湖南广电、上海 SMG 在融媒体探索上有一定的开拓性和代表性,发展出基于自身特色的独特优势,江苏广电、浙江广电、深圳广电、北京广电、山东广电等传统广电媒体机构在融媒体上也在进行布局和发展,取得了不少阶段性成果,其他一些地方性广电媒体也在转型发展过程中做出了许多有益的探索。这些先发的、有代表的广电融媒体转型探索已经取得初步成效,有强势崛起的迹象。但是我们也要看到,整体来讲,目前传统广电行业融媒体转型还处在起步阶段,有待进一步规划和破局。

总体来讲,目前许多广电媒体还没有找到融合发展的最佳路径,探索尝试虽多,但大多数还没有找到非常有效的方式和方法,融合仅停留在表面,而没有实现真正意义上的融合与转型发展,融合发展没有起到应有的作用。一些传统广电媒体在发展过程中体现出战略上重视、战术上轻视的现象,知晓融媒体发展的重要性,却找不到合适的方法和路径,或者没有长远发展的规划和魄力,真正具备融媒体发展思路和方法的改革家较少,改革往往只停留在喊口号和表面层面,缺乏实质性的改革方式,改革效果差强人意。一些广电媒体每天高喊"融合发展",实质上已经成为陈词滥调,缺乏真正的战略性眼光和思维。

4. 多元布局与融合发展不足

> 从目前来说,平台还没有达到真正的融合,所有的电视广播频道,各做各的,同质化非常严重,是一种互相的竞争状态。这样肯定是不行的,我们要做一个全台管理,把所有的后台打通,就是把所有的频道和后台全部对接起来,实现资源共享。
>
> ——据课题组对某省广电管理层的访谈

> 融合媒体,我们面临更大的挑战,我觉得是我们对业务认识不清楚。怎么去发展? 哪个台有现成的模式? 没有。新媒体和传统媒体也没有形成融合的架构出来。新媒体技术平台只是支持 OTT 业务、互联网业务,谁能知道融合起来是什么业务? 不知道。
>
> ——据课题组对某省广电管理层的访谈

在当下,从中央媒体到省级媒体再到各市级媒体,都在融媒体转型的背景下进行探索和布局,从门户到视频网站,从 IPTV 到互联网电视,从网络电视台到移动 APP,从视频产品到音频产品,各媒体展开了多元化探索。加大力度进行投入是目前广电融媒体转型过程中的一种普遍选择,融合转型成为一种自上而下的发展战略。进行多元化布局，以推动融媒体战略的落实，是各地在进行融合转型过程中普遍遵循的一项原则。

目前较为普遍的做法是：建设自己的文字和视频门户，搭建新媒体平台，建立与受众交流互动的新媒体平台端口；同时，从技术端口搭建自己的内容生产和联动平台也是一种普遍选择，融媒体中心、中央厨房、云平台等都被很多广电机构提上了建设的日程。而网络电视台、影音视频客户端、移动APP端口等也都是各地融媒体转型过程中平台搭建的主流模式。由此可以看出，在平台建设和布局的过程中，多样化、多元化特色明显。

但也应该看到，在热闹繁荣的表象之下，目前广电融媒体平台建设还有很大欠缺，尤其是在融合性方面表现不足，平台之间从内容生产到营销，从机制联动到互动，都出现不同程度的分离和割裂，真正形成良性联动效应的媒体融合平台并不多。这与体制机制的建设有关系，也与发展的理念方式有关系。融合发展往往成为一种表象性和象征性的口号，实际效果却差强人意，多元布局的背后往往是各自为战，表象大于实质。融合过程中的"两张皮"现象普遍存在，实际上影响了整个融媒体发展的进程以及深度和广度。这的确是很多广电机构在融合发展过程中需要解决的问题。

5. 主动谋变者少、被动探索者多

> 体制惯性突破很难，也并非朝夕之间可以完成，最重要的整个机制体制内的观念结构、权力结构、利益结构都要重新书写。在这样的困难之下，主动谋变风险大、回报远、收效慢，谁能下得了这个决心？
>
> ——据课题组对某省广电高层的访谈

> 融媒体融合,一定要成为一把手工程,就是如果最高层面的领导不是真的重视这个事情的话,媒体融合的工作是非常难做的。如果不是最主要的领导沟通这个事情、来大力推动,这个事情就会很难。因为你背后担的责任很大,还可能出错。如果没有这样一个上面高度的重视和支持,不管是政策上的还是发展资金上的支持,就很难做这个事情。你很难做割舍,下不了决心。
>
> ——据课题组对某省广电高层的访谈

融合发展、转型升级已经成为目前广电机构自上而下的一种战略选择,几乎所有的广电媒体都喊出了融合转型发展的口号,转型也被很多广电机构当作未来发展的唯一通路,在不断践行和探索的过程当中,目前已经取得的一些成果实际上就证明了这一点。

但是与此同时,深入观察分析就会发现,目前传统广电媒体在融合发展过程中真正主动谋求变革的还是极少数,大多都处于被动探索的阶段。这背后有很复杂的动因:一方面,广电媒体还不像平面媒体那样已经实实在在面临着断崖式下跌的命运,不少广电媒体在广告创收和收视人群上还保有一定的量级,转型发展和改革的动力稍显不足;另一方面,传统广电在融合转型的过程中确实面临很多困难,转型和变革往往意味着阵痛。因此,改革能够到达怎样的力度?改革的各项指标和措施能够实施到什么样的程度?这些都是制约传统广电主动进行媒体融合发展的因素所在。

在一些广播电视台进行媒体融合发展的过程中,转型的力度和魄力还略显不足。要想取得长足发展,必然面临着大幅度的改革,改革的力度和深度取决于自上而下的决心和行动,当然也面临着不小的阻力,否则永远都是被动式的探索。因此能否冲破层层困难,进行真正意义上的转型发展，变被动探索为主动发展，是许多广播电视台融媒体发展的关键所在。

第二节 从经验到模式:广电融媒体平台发展案例分析

纵观整个广电融媒体平台建设的发展过程，可以看到传统媒体在转型升级的过程中，实际上伴随着内部动因和外部环境的双重驱动和影响。从内部来看，广电行业自身在舆论引导和市场引领方面的需求使转型成为一种必然的选择。随着传统广电主体地位逐渐被蚕食，分流的境况变得愈发严重，转型的急迫性越来越被重视；从外部来看，技术、渠道、市场的变化，都对广电融媒体转型产生了深刻影响。因此，视听新媒体技术发展对广电融媒体发展形成倒逼式驱动，同时广电自身内部不断进行着体制机制改革，释放出新的生产关系和生产力。就全国范围来看，融媒体平台发展已经成为了广电发展的主流。

具体来说，湖南广电已经将芒果 TV 的发展建设置于同湖南卫视同样的地位，试图在新媒体端口再造一个湖南卫视，留住和聚拢年轻用户；上海广电新媒体业务已经成为集团整体发展的标志性业务，在全国范围内具有开拓性和引领性，从客厅端到移动端多渠道发力，依托自身的内容制造优势，特别是对新闻节目上的生产优势进行转型升级；江苏广电的“云组团、多终端”战略既是转型的目标，也是发展的路径，不断地在内部内容生产和运作上进行调整、理顺和对接；浙江广电从集团层面进行多元布局，新蓝网、中国蓝 TV、中国蓝新闻等端口形式多样，并从内容生产和内部运行机制上寻找融合发展的可能性；北京广电构建“大媒体”战略，全力建设网络电视台，并在内部尝试理顺生产机制；山东广电融媒体中心也已经建成，转型成为山东广电第二轮改革,进而实现逆势发展这个终极目标。

广电媒体融合的探索已经经历了几年时间,目前从成果上来看,融合与转型之路依旧任重道远。在近几年的探索中,广电系统已经初步形成了几个颇具代表性的发展案例,以湖南广电、上海广电为代表的一线广播电视台在融媒体转型探索中已经先行一步。它们从各自的优势和发展状况出发,初步探索出不尽相同的发展模式,为广电融媒体传播发展提供了思路和方法。

一、芒果经验:芒果 TV 再造湖南卫视

> 一个不争的事实是:以 BAT 为代表的互联网公司加速向内容行业靠拢,越来越变成与我们一样的媒体面貌。作为一个电视台,我们如若再死守传统的平台,看起来就像一个傻子,眼睁睁看着城池被攻破,市场被冲击甚至被夺走。不管是出于自我救赎的想法,还是可持续发展的需要,我们的融合媒体之路只有两条可以选择:要么下决心自己做、造自己的平台,要么傍互联网大佬,把自己的定位缩小成一个内容提供商。在未来的全媒体大格局中,将自己定位为一个内容提供商还是平台建设者,出发点不一样,归宿也不一样。目前由传统电视台出发做新媒体,做媒体融合的,绝大多数是采取捆绑社会新媒体的做法,不能参与新媒体的正面竞争,这一格局被湖南台率先打破。
>
> ——湖南广播电视台党委书记、台长吕焕斌

湖南广播电视台在融媒体转型上的探索经验丰富,并经历了不同的发展阶段,如今,最具典型代表意义的便是芒果 TV。2014 年,湖南广电将旗下的金鹰网和芒果 TV 两大平台改版之后进行整合,推出全新的芒果 TV 网络视频平台,与此同时,湖南广电宣

布,湖南卫视所有自制节目都独家输入芒果 TV,不再为其他视频网站进行版权分销。

图 1-2　芒果 TV 客户端界面。宣布独播战略后,客户端加入了众多湖南卫视的独播内容,此外在功能上添加了离线缓存,并且支持多种终端的无缝同步

芒果的独播战略在当时的中国互联网市场上投下一枚重磅炸弹。一些人惊叹于芒果的勇气,一些人狐疑于芒果战略的可持续性。而对于芒果自身来说,立刻要面对诸多内部外部压力。首先就是技术性的压力,在芒果 TV 上线之初,巨大的流量涌入对其平台技术能力提出了残酷的挑战;另外就是内部利益关系的压力,以前多档节目打包或分拆出售给视频网站,如今独播等于每年损失数以十亿计的版权费用,这还不包括间接的损失。

独播策略一直坚持了下来,依托于湖南卫视强势的内容生产能力和粉丝聚合效益,芒果 TV 在两年的时间里迅速实现了用户累积。截至 2016 年 7 月,芒果 TV 日活跃用户数已经超过了 4100 万,日均 VV(视频播放量,video view)超过 1.8 亿,移动 APP 下载量超过 3.37 亿,互联网电视用户超过 3450 万,IPTV 用户超过 1630 万,半年营收近 8.6 亿,资本市场估值达 135 亿。芒果 TV 三年内的用户增长状况实际上超出了很多商业视频网站用户累积的速度。

> 我觉得可能湖南卫视和芒果 TV 加起来是唯一一个有视听网站的电视台。当然别的电视台也有,但是有些规模没有达到可以和视听网站竞争的局面。当然我们也不保证现在就达到很高的水平。但是我们也可以说,目前我们芒果 TV 发展的规模可以跟视听网站叫叫板;也并不是说我们有很强的竞争力,但是至少和视听网站比起来,我们是唯一有电视台背景的视听网站。
>
> ——湖南广播电视台党委委员、副台长聂玫

1. 一体两翼、双屏驱动

长期以来,湖南卫视都是湖南广电创收和凝聚影响力的旗舰式标志,发挥着湖南广电发展前进的引擎作用。芒果 TV 自成立以来,在内容和运营上一直与湖南卫视有着紧密的关系,湖南卫视所有自制节目均采取独播模式,以股权折价等方式输入到芒果 TV 中,让其在短时间内积聚粉丝效应,短短三年在用户数量等指标上就实现了其他视频网站几年的积累。2016 年以来,芒果 TV PC 端用户逆势增长,根据艾瑞咨询近期的数据显示,芒果 TV 网站服务已跃居“在线视频”服务第五位。

与很多广播电视台的新媒体建设战略不同的是,芒果 TV 的发展

地位已经被湖南广电提到了战略意义的高度，被当作湖南广电另一个中心和引擎。“一体两翼、双屏驱动”的战略已经被提出并且落实，“两翼”指的是芒果TV和湖南卫视，这意味着芒果TV已经被视为拥有与湖南卫视同样的地位。建设“双中心、双引擎”，表明芒果TV不是湖南卫视的附庸，而是要被再造成与湖南卫视一样的强势平台。在这样的战略定位的引导之下，芒果TV在资源上获得了前所未有的投入。

> 现在把芒果TV作为跟湖南卫视平行的引擎，叫做“一体双翼”，两个翅膀，你也不比我高，我也不比你高，但是它们又是两个整体，湖南广电就靠这两个翅膀。因为这样一句话，就把芒果TV地位提得很高；也因为这样一句话，使得包括湖南卫视、经视、娱乐等在内的一批优秀电视人，离开了原来的“台聘”，加盟到了现在的“公司聘”。他们愿意，因为他们知道这是方向。所以“一体两翼双引擎”是非常关键的一个策略，它赋予了芒果TV在湖南的重要地位。湖南广电为了发展芒果TV，在它的整个体制上作出了变革。
>
> ——据课题组对湖南广电管理层的访谈

“去湖南卫视化”是芒果TV近两年一直在做的一项工作，目标是不再被动地接受传统媒体的内容，而是迅速发展成为湖南广电新的发动机。在媒体融合的过程中，湖南台的提法是“芒果＋互联网”，变“异体共生”为“一体共生”，也就是变“互联网加芒果”为“芒果加互联网”，建设“为我所有”的互联网媒体平台。[①] 在“双中心、双引擎”的战略指导下，目前芒果TV的引擎作用正在不断发

① 吕焕斌:《芒果台的“互联网＋”行动》，第三届中国网络视听大会。

挥和放大。芒果 TV 是湖南广电新媒体业务整合下的产物,用互联网的办法打造自己的新媒体平台,一云多屏,以芒果 TV 为品牌,展开与互联网企业的正面竞争。

第一,芒果 TV 正在成为效应增长的引擎。芒果 TV 2015 年的总收入超过 10 亿,2016 年有望翻番,与普遍处于广告寒冬的很多地面频道相比,芒果 TV 逆势增长,有可能实现倒挂。

第二,芒果 TV 也是内容创新的引擎。湖南广电内部的团队除了生产卫视和地面频道的节目之外,也开始为芒果 TV 生产和制作内容。目前芒果 TV 已经生产制作了一批自制内容,获得了用户的认可。湖南广电对台内生产团队的要求和期许是,在近两年里锻造出一批新型的内容团队,能够长于做互联网特色的视频产品。

第三,芒果 TV 还是生态聚合的引擎。用户聚合到一定规模之后,开始向产业链上下游延伸,向多元产业生态演化,目前芒果 TV 已经形成了由互联网电视、互联网视频、手机电视、IPTV、芒果直播、多端硬件组成的芒果生态圈,形成了多屏驱动的新媒体发展的全新格局和生态。

> 最厉害的球队,它一定不是只有一个人发球,一个人投篮。我们如果把湖南广电当成一支球队,芒果 TV 和湖南卫视现在是两个主力队员,我们现在的策略是,这个球在谁的手里面能够投进,我们就让谁投。芒果 TV 拿到的时候,这个球就由芒果 TV 投;湖南卫视拿到的时候,这个球就由湖南卫视投。
>
> ——据课题组对湖南广电管理层的访谈

2. 从“独播”到“独特”

> 我们要从独播到独特,单纯靠独播只是一个策略,但是如果到了独特,它就成为了价值观,它在任何领域都会强调独特,独特的理论,独特的运营,独特的产品,独特的技术,独特的市场,独特的模式。
>
> ——据课题组对湖南广电高层的访谈

在坚守独播原则之外,芒果 TV 开始向“独特”战略转变。根据芒果 TV 的数据,其内容用户平均收看时长将近 30 分钟,用户黏性远高于其他视频网站。用户 70%是女性,分布在三四线城市,某种意义上和 OPPO、VIVO 的用户是高度一致的。

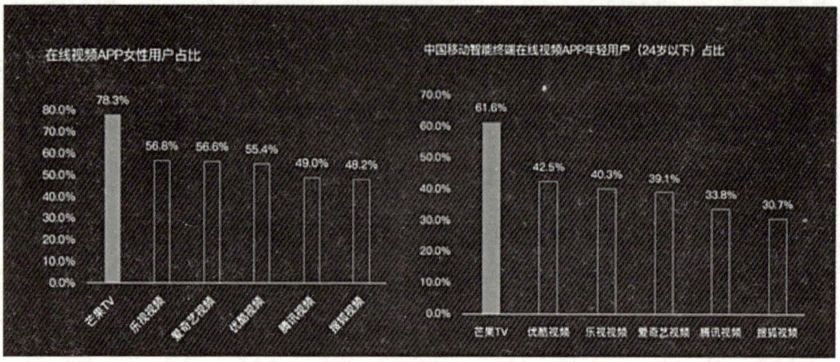

图 1-3　芒果 TV 用户结构分析(数据来源:Questmobile)

> 女性用户永远跟着潮流走,喜欢拍照,喜欢社交,喜欢分享,应该说女性用户是社交媒体最大的推动者,这些用户也是电商的重度用户。我们芒果 TV 这些用户跟它们是高度一致的,这是我们对自己基础用户的清醒认识。我们做什么内容,我们给她们提供什么样的产品,这是值得我们思考的问题。
>
> ——据课题组对湖南广电高层的访谈

芒果 TV 的目标是在三年时间里发展成为互联网娱乐第一平台，目前除了将湖南卫视的内容资源向芒果 TV 进行独播倾斜之外，芒果 TV 自制内容战略也在推进当中。

相比于卫视平台，芒果 TV 在内容上采取更加开放的姿态，由坚守“独播战略”向“独特战略”不断延伸，不断强化芒果 TV 自身的品牌形象。在整合湖南广电内容生产资源的同时，与外部资源不断进行嫁接，实现生产力的整合与释放，也实现内容的规模化、多元化和精品化。从独播到独特，芒果 TV 在自制领域的投入逐渐加大，不断营造和强化自身的平台。

《完美假期》《百万秒问答》《超级女声》《明星大侦探》《妈妈是超人》《爸爸去哪儿》(第四季)等都是芒果 TV 在近两年生产的优质自制项目。目前，芒果 TV 已经成为“马栏山智造”的主要平台，以往湖南广电内部优质团队生产的内容都是向卫视或者地面频道输出，而如今自家的网络平台也成为一个重要的输出端口。

表 1-1　芒果 TV 部分自制网络综艺节目

栏目名称	栏目类型	栏目介绍	栏目制作
《明星大侦探》	明星推理综艺秀	共 14 期。固定嘉宾是何炅、撒贝宁、吴映洁、王鸥，常驻有白敬亭、大张伟等。于 2016 年 3 月 27 日起每周日晚 20:00 在芒果 TV 播出，于 2016 年 6 月 23 日收官。入选 2016 中国泛娱乐指数盛典“中国网生内容榜一网络节目榜 top 10”。	芒果 TV、金禾影视
《爸爸去哪儿》(第四季)	亲子真人秀	芒果 TV 引进韩国 MBC 电视台《爸爸！我们去哪儿?》推出的亲子户外真人秀节目。《爸爸去哪儿》第四季在保留和延续以往快乐、温暖、感动的画风和亲子教育主题下，将融入更多互联网元素，加入“星爸＋素娃”模式，采用“原生爸爸＋实习爸爸”双线路并行的模式。10 月 14 日起每周五晚 20:00会员抢先看，24:00 正片免费看。	芒果 TV

续表

栏目名称	栏目类型	栏目介绍	栏目制作
《妈妈是超人》	明星育儿观察类真人秀	节目集结了董洁、冉莹颖、梅婷、贾静雯4位不同类型、个性和背景的明星妈妈,她们将在节目中展示最原汁原味的家庭生活和最真性情的育儿经历。节目于2016年4月22日起每周五中午12:12在芒果TV全网独播,每周六至周二中午12:12慢直播超人妈妈带娃记。2016年11月,入选2016中国泛娱乐指数盛典"中国网生内容榜一网络节目榜top 10"。	湖南广电
《2016超级女声》	选秀娱乐节目	芒果TV的纯网综艺节目,由芒果TV、湖南卫视、天娱传媒联合出品打造。通过构建"内容+产品+社区"的综合体验互动娱乐平台,创建社区互动生态圈,实现全民互娱,开启真正意义上的互联网全民选秀元年。	芒果TV
《香蕉打卡》	运动综艺节目	由杜海涛首次担任制作人,是一档瞄准瘦身人群、健身达人等的网络趣味运动综艺节目。区别于往常单调重复的跳操内容,杜海涛在节目中融入了搞笑主题。该节目于2016年4月17日起,每周日、二、四12:00在芒果TV独播。节目全程采用虚拟置景,配合每期主题独创各种健身动作,带来全新的视听体验。	芒果TV
《开普勒—452b》	大数据星座喜剧脱口秀	由李维嘉、小猪主持,唐立淇指导。节目于2016年7月25日起每周一上午10:00在芒果TV上线。"最专业的星座预测,最真实的星座吐槽。"	恒顿传媒
《完美假期》(第二季)	全时全景直播真人秀	2016年芒果TV再度联手湖南经视重磅推出的一档真人秀节目,24小时全时全景多机位不间断直播。15位素人房客,在全封闭空间内共同生活3个月,每周将有人退房。	湖南经视团队
《爱笑麻瓜秀》	角色扮演RAP对战喜剧秀	是芒果TV倾力打造的首档角色扮演RAP对战喜剧秀。节目选取古今中外现实与影视戏剧作品中的经典人物,以擂台PK的形式,结合现场街舞以及说唱等多种元素,相互比拼,穿越时空并产生激烈碰撞,大开脑洞,撕出冷知识,撕出新内涵,形成另类互撕之战(如《甄嬛传》皇后VS《还珠格格》皇后、柯南VS卷福等)。节目为季播,共13集,每周一集,每集时长大约为25分钟,于2016年4月20日开播。	芒果TV

续表

栏目名称	栏目类型	栏目介绍	栏目制作
《百万秒问答》	全时在线智力问答	《百万秒问答》是芒果 TV 自制的中国首档全时在线智力问答节目,一场为时 170 小时的超长直播。国庆 7 天 7 夜,烧脑不停。	芒果 TV
《黄金单身汉》	相亲真人秀	《黄金单身汉》是芒果 TV 梦幻的自制扑倒"男神"恋爱实战真人秀节目。25 位满足男性幻想的单身美女嘉宾与一位国民黄金单身汉约会交友,最终将会和一位女嘉宾恋爱。2016 年 10 月 1 日起每周六正式播出。	芒果 TV

注:资料来源于各栏目官网。

3."五轮驱动"与"五将突围"

(内容+技术+用户)*资本=芒果公式

——据课题组对湖南广电管理层的访谈

首先要活下去,自负盈亏是必然,老是靠输血是不可能的,其次要活得好,活得有尊严,挖掘自己的模式,形成一个生态链条和生态闭环。我们要证明中央发展融媒体的政策是正确的,也要证明国有主力网络媒体是有活力的,我们既有压力,又有使命感。

——据课题组对湖南广电管理层的访谈

内容、技术与用户是芒果 TV 发展过程中的重中之重,并通过对资本的嫁接,实现整体的飞跃和发展。目前,芒果 TV 已经形成"五轮驱动"和"五将突围"的发展格局:内容、营销、产品、技术、市场"五轮"并行,各领域制定翔实的发展策略;同时拓宽盈利模式,在广告、版权、会员、互动收益、增值服务上"五将齐发",实现芒果 TV 收入上的增值。总之,芒果 TV 正在朝着成为湖南广电在未来竞争中的主战场和主阵地的目标不断前进。

五轮驱动策略在各个方面都进行了大力布局和调整。首先,从内容方面来看,芒果 TV 坚持从独播到独特的战略,在独家播出湖南卫视的优质节目之外,也制作了大量优质自制综艺节目和自制剧。

其次,从产品来看,芒果 TV 采用全屏化战略,从客厅端到 PC 端再到移动端实现全面布局,初步形成包含互联网电视、互联网视频、手机电视、IPTV、芒果直播和多端硬件在内的芒果生态圈。芒果 TV 互联网电视是首批获得互联网电视牌照的机构之一,也是全国七家内容+播控双牌照持有者之一,芒果 TV 与三星、飞利浦、TCL、创维、长虹、华为、海美迪和清华同方等 40 多家企业合作,推出芒果互联网电视一体机和机顶盒系列产品。截至 2016 年底,芒果互联网电视用户已经超过 3450 万,IPTV 用户也达到了 1630 万。目前芒果 TV 正在进行从客厅战略到移动战略的调整,除了芒果 TV 视频客户端外,还有全新的芒果直播 APP 上线。目前,芒果 TV 已经正式宣布进军智能电视系统和硬件行业,全新的自主智能电视系统 MUI 已经被重磅推出。

最后,在运营上,芒果 TV 针对不同的端口采取不同的运营方式。目前,芒果 TV 采用专业频道的独立化运营模式,涵盖综艺、电视剧、动漫、电影、体育等专业频道进行独立化运营。从技术上来看,芒果 TV 对于技术的研发始终保持高投入,已经拥有了多项产品技术专利,大力引进相关专业人才,并开始进军硬件产业。从市场角度来看,芒果 TV 秉持开放化模式,以精品化内容为依托,进行内容产品的传播和营销。

> 对湖南广电的融媒体发展来讲,技术之融也是非常重要的。要始终保证芒果 TV 产品的技术属性处于当代前沿。
>
> ——据课题组对湖南广电高层访谈

盈利模式一直是视频网站探索的焦点，目前所有的视频平台还处于无法盈利的状态之中，芒果 TV 作为国有广电新媒体，在自负盈亏的要求下进行积极的盈利模式探索就成为一种必然。在盈利模式上，芒果 TV 目前采取“五将突围”的模式。广告、版权、会员、互动收益、增值业务是目前芒果 TV 营收的五大渠道。依托于优质的内容，目前芒果 TV 的广告收入已经突破 10 亿大关，有望在 2016 年实现翻番，这在广电媒体广告创收普遍下滑的趋势下显得尤其突出。在版权业务上，在不改变独播格局的情况下对内容进行适度分销是芒果 TV 的策略所在，例如，芒果 TV 目前在直播业务上的收入就相当可观。在会员业务上，芒果 TV 的会员用户也在快速增长中，有望在 2016 年实现 500 万会员的突破。芒果 TV 发展到第 100 万个会员仅用了一年时间，这比很多视频网站发展会员的速度都要快。另外，诸如直播以及其他方面的收入也是芒果 TV 营收的重要渠道和来源。

一直以来，芒果 TV 也在进行积极的资本化运作，包括引资改制、战略投资和基金运作。积极对接资本市场是芒果 TV 发展过程中的核心战略所在，此前芒果 TV 已经进行过两轮融资，估值接近 135 亿。2016 年 9 月，芒果 TV 与湖南广电旗下其他六家公司一起打包注入快乐购，实现上市。通过上市，芒果 TV 打开了资金渠道，解决了市场化人才引进的机制问题。

同时，芒果传媒作为主要的战略投资主体，不断推进在媒体融合、新媒体产业布局等方面的投资行为，目前已经取得了实质性进展，例如对荔枝 FM 进行投资，推动广播与互联网融合；为进入智能硬件领域，投资智能微投企业极米科技；实现对环塔汽车越野拉力赛、移动互联网音乐社交平台“唱吧”的股权投资；以资本为纽带整合游戏团队成立的合资公司；开发热门影视作品的衍生手游等。此外，湖南卫视联合海通证券、厦门建发、中南重工等,于 2014 年正式成立芒果海通文化产业投资基金,通过资本的杠杆来撬动社会资本以构建大芒果生态圈。

二、上海经验:多平台生态化发展

从 2014 年开始,上海文广集团开始了自己的整合之路。之前的"大文广"和"小文广"机构臃肿,人员众多,工作效率急需提高。整改之后,SMG 优化了组织结构,重建了管理机制,将分管广播、电视、电视台的三家公司合并为一家,保证了管理渠道的畅通,提升了工作效率,并以"上海东方明珠集团"的身份上市。同时,SMG 为了吸引更多资金,采取了内部子公司收购合并的方式融资,百事通就此成功上市,推动了整个集团的融媒体发展。目前,百事通与上海东方明珠集团合计市值接近千亿。

SMG 是全国广电系统中融媒体转型探索最早的一家,依托于上海广电自身的发展状况和优势,其融媒体转型如今取得了不少成绩,其中一些做法成为了行业发展中具有标志性意义的样板。

SMG 被看作是目前所有广电系统中市场化规模最大、产业链最完整、资本化程度最高的一家。从集团层面来看,上海广电在实行整体转型战略,从平台建设、内容生产再到组织架构和体制机制的搭建都朝着融媒体转型的方向发展。"唯转型才有出路,唯创新才有价值"是上海广电在融媒体转型过程中喊出的口号。

> 目前上海广电已经形成了"1+3"的新媒体客户平台,一个平台(BesTV),三个重点平台(看看新闻、阿基米德、第一财经)。我们的新媒体客户端战略并不是甩开平台和传播渠道另起炉灶,而是将我们的基础资源和核心能力深度融合,

比如第一财经新媒体矩阵的基石是第一财经报纸、杂志和电视频道。阿基米德APP的基石是广播中心的13个频率以及全国50多家电台。看看新闻的基石是整合了原电视新闻中心、新闻综合频道和外语频道1000多名新闻专业队伍的融媒体中心。百视通的基石是SMG全集团的广播电视、新媒体资源乃至现场演艺资源。

——上海广播电视台台长王建军

在媒体融合发展的历程中，一直有一个著名的“天问”：在互联网视听行业，到底是“内容为王”，还是“渠道为王”？而往往被这个“天问”迷惑的，都是既有传播渠道基础，又有内容生产能力的传统媒体。对于这个问题，SMG、东方明珠新媒体的思考很早就已经清晰，也落实到总体发展战略之中了。我们的答案是：内容生产能力和渠道建设能力都很重要，特别是在以技术革命为特征的互联网传播时代，内容可以打通渠道，渠道也可以产生内容。内容和渠道，某种意义上就像金庸小说里的“倚天剑”和“屠龙刀”，只有真正合二为一，才能成就号令江湖的“武林至尊”。

那么，我们应该建设什么样的视听产业渠道呢？总的趋势，我们认为是：平台化。每一个类型特征显著、使用界面友好、交互能力完备的平台，都会成为一种类型内容的孵化器或者集聚地。而这样一个平台结构应该包括三个组成部分：一是“一云多屏”的技术平台，二是“多屏联动”的发布平台，三是“统一立体”的智慧用户平台。

——东方明珠新媒体董事、总裁张炜

早在十几年前,SMG就重视新媒体平台建设,开始布局手机电视东方龙、视频网站东方宽频、互动电视SITV、宽带电视百视通IPTV等新媒体业务。这些业务在当时都是超前的,甚至集团内部也出现过争论,但现在看来都是先见之明。

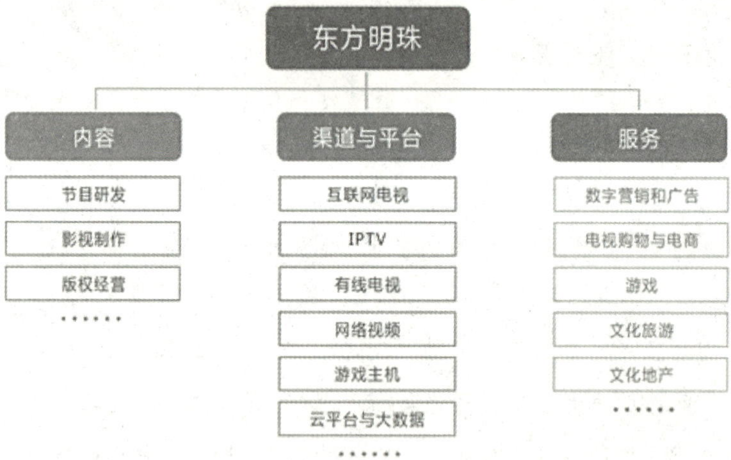

图1-4 东方明珠新媒体公司的内容、渠道、平台和服务板块

1. 一个平台、三个产品

百视通作为上海广电融媒体转型过程中的重要主体,于2015年6月实现重组上市,重组后新的上海东方明珠新媒体股份有限公司目前是广电集团新媒体发展中的龙头企业,成为上海广电融媒体战略的重要平台。2016年,东方明珠新媒体已拥有4200万数字电视用户、1598万OTT用户、350万移动端用户、2600万IPTV用户。多屏发展,全业态推进,奠定了今天东方明珠新媒体多业态发展的空间。从平台建设上来讲,SMG正在着力于"一个平台、三个产品"战略的实施,以"1+3"互联网产品的模式进行差异化布局。一个平台是指BesTV,而三个产品则是看看新闻、阿基米德和第一财经。

BesTV 作为百视通最重要的互联网视频平台，被看作是 SMG 战略转型过程中的重中之重，是 SMG 内容传递和价值增值的最重要渠道，SMG 各主体生产的内容都将成为 BesTV 的重要内容来源。

上海广播电视台融媒体中心于 2016 年 6 月 7 日正式成立，该中心由原电视新闻中心、外语中心、看看新闻网整合而成。其中看看新闻 Knews 是融媒体中心全力打造的新闻产品，以打造华语世界最优质的互联网视频新闻品牌为追求目标，除了借助传统媒体平台东方卫视进行传播之外，还利用 BesTV 平台建成 OTT 大屏传播的 24 小时视频新闻流，弥补了互联网视频直播新闻缺失的空白；同时以移动端小屏为基础的新闻客户端也同步上线，上线两个月以来，看看新闻 APP 日均活跃用户增长了 427%。

阿基米德主打互联网音频社区，依托传统广播内容与运营优势，致力于成为中国传统广播互联网转型的依托平台。目前阿基米德平台上已经有 50 多家省市电台正式入驻，数据显示，阿基米德用户已经覆盖全国所有省市及全球 97 个国家和地区。

第一财经则主打互联网财经应用，“资讯＋、数据＋、视频＋”是其发展战略所在。第一财经的目标是努力成为具有全球影响力的新型数字化财经媒体与信息服务集团。后续，随着 Yicai Global（一财全球）、Yicai Live（一财视频直播）等产品的上线，第一财经将形成新媒体旗舰产品矩阵，最终的目标是建立起财经资讯和数据的专业化服务平台。

2. 内容生产与多渠道、多平台分发

从内容生产上来讲，SMG 的转型战略也已全面展开。传统广电在内容生产上具有明显的优势，SMG 的转型策略是，在内容生产上不再仅仅专注于为传统渠道提供内容，而是多渠道、多平台布局和分发，新兴的媒体渠道成为 SMG 内容生产的主流渠道。

融媒体中心、互联网中心以及东方卫视中心等内容生产主体都开始将新媒体渠道作为内容制作分发的重要渠道,如融媒体的看看新闻 Knews 24 小时不间断新闻流就在 OTT 平台和 APP 端口进行分发,而互联网中心生产的网络综艺也聚焦于各新媒体端口,东方卫视中心的独立制作人团队也开始向新媒体视频平台生产、输出网络综艺。

3. 耦合自身优势,完善生态系统

从组织架构和机制建设上,融媒体发展也已成为 SMG 重要的基础和方向。"耦合自身优势,完善生态系统"是 SMG 融合发展过程中的重要依据。SMG 拥有内容生产和上市公司的两大生态优势,因此集团层面耦合的重要目标就是将两大优势进行充分对接,使其相互支撑、互为生态式的发展,激发整合和协同效应,打造融合发展的系统工程,在硬件和软件层面上共同发力。

上海广电融媒体发展的过程与资本层面的运作和发展密不可分。百视通资产并购重组后的上市为其发展提供了更充足的动力,而以此为基础,整个 SMG 内部的生态系统也在加速搭建,其中既包括技术、平台、渠道等看得见的硬件,也包括内容、人才、经营等看不见的软件。集团在技术方面,实现多项自主创新;在渠道方面,实现全生态布局,不仅建设和覆盖自有的各类终端,还与社会化媒体和平台进行积极合作;在基础建设方面,努力建构云平台架构和运营体系。

以内容 IP 为中心,SMG 正在不断完善产业链上下游,力争全力打造出"娱乐+产业"的闭环。在人才方面,SMG 不断加强新媒体人才培训和引进,为转型提供人才准备;在激励机制方面,探索项目公司化、股权激励等措施,内部制播分离和混合所有制等市场化手段也将被运用到转型发展之中。

死守我们固有的生产方式和产品服务，不积极响应市场和消费者的变化，那就是刻舟求剑；抛开我们拥有的基础资源和核心能力，另起炉灶，那就是空中楼阁；传统媒体依然可以抓住机会，凭借多年来积累的技术、人才和影响力、公信力以及仍然具有市场生命力的广播电视传播渠道，转型成功，成为强者。

——上海广播电视台台长王建军

三、央视经验：国家电视台的融合与创新

对于中央电视台来说，如何融合创新、一体发展是当前最大的课题。时任台长聂辰席提出，以建设国际一流的新型主流媒体为总目标，探索“电视＋”与“互联网＋”的契合点，以新闻为龙头，以视频为核心，以用户为中心，努力走出一条具有央视特色、体现国际水平的媒体融合发展之路，提升主流媒体的影响力和竞争力……在战略思路上加快四个转变，也就是从覆盖优势向受众优势转变，从数字化成果优势向传播能力优势转变，媒体优势向平台优势转变，从安全管理优势向全媒体融合管理优势转变，在融合发展中赢得广电媒体发展的新优势。

以视频为核心探索“电视＋”与“互联网＋”的契合点。首先，电视加新媒体渠道，实现全媒体布局，通过内容与渠道的有机结合，实现用户在哪里，央视覆盖就在哪里，央视服务就在哪里。视频是央视的核心竞争力，央视一直在加快电视屏幕以外的新媒体屏建设步伐，初步构建起多屏幕、多平台、多终端的一云多屏体系，包括桌面互联网、移动互联网、宽带互联网以及社交媒体等四大平台。其次，电视加用户，实现全用户覆盖，利用“电视＋”的观众规模力求打造巨大的互联网入

口,把电视观众转化为新媒体用户,同时利用互联网产品服务把新媒体用户,特别是年轻的用户拉回到电视机前,这是融合创新的目标之一。

央视通过手机小屏和电视大屏,实现电视与新媒体用户实时沟通,由单向传播向电视和新媒体双向付费传播转变,实现电视收视和新媒体用户双增长。仅以 2015 年中国成语大会为例,三期节目直播互动总人次达到 7889 万,电视收视份额也因此增长了 1 倍。现在央视已经基本建成全球视频分发体系,覆盖 210 多个国家和地区,实现了央视传统节目在海外的新媒体落地。CCTV－6、CCTV－中文、CCTV－全球等海外账号集群在 Facebook、YouTube 等平台,粉丝总量超过 4000 万。以“93 大阅兵”为例,通过 YouTube 平台观看“93 大阅兵”直播的人数达到 171 万,在 Facebook 上的新闻总曝光量达到 4.75 亿次。

同时,央视努力推动以用户为中心、实现从媒体到平台的转变。互联网思维的核心就是用户思维,面向观众做服务,更要面向用户做产品、做服务。全员转型,全流程再造,对内深度融合,央视所有的频道都要成立新媒体部门,电视和新媒体内容生产、分发有各自的专业团队,从内容生产、技术体系、新媒体平台三个方面进行流程再造,优化采编播存用生产环节,提升用户体验,实现电视与新媒体一体两翼、统一运行。

为了更精准地了解用户和服务用户,央视一直在建设大数据平台,包括视频数据库、用户数据库等基础设施,并努力实现全网业务数据、用户数据、技术资源、内容资源的共享共用。互联网的魅力之一就是开放和共享,自拉自唱、闭门造车是行不通的,只有开放才能不断获得战略机会,实现“弯道超车”。

第三节　困境与突围:广电融媒体平台发展的关键掣肘

在广电融媒体平台发展的过程中,可以看到目前已经取得了一些成就,各广电机构在平台布局上也多有探索。但现实的境况是,在广电融媒体发展的过程中面临一些亟待解决的困难和问题,它们成为当下融媒体平台建设最大的阻碍。认识并梳理这些问题,找到解决问题的方式,融媒体平台发展在未来才有可能取得实效。

一、体制机制改革是融媒体发展的基础

> 媒体融合关键还是要从本质上找原因,其他都是空的,说白了讲,最关键的是两个问题:一个是体制机制转变,二是资本运作。现在新媒体发展也好,媒体融合也好,体制机制不能转变,就始终没有触及核心。
>
> ——据课题组对某省广电高层的访谈

在课题组调研走访的过程中我们发现,决定融媒体发展最根本的动力还是来自于体制机制的变革。只有真正触动深层的改革,才能从人才、资金、内容生产等多个方面实现真正的联动和融合,进而达到平台层面的融合发展。

以目前在行业中融媒体转型较有代表性的几家广电机构为例,湖南广播电视台的双平台、双引擎战略,实际上是将芒果 TV 的位置抬高,“举全台之力办芒果 TV”的说法也并不为过。芒果 TV 每年至少投入 20 亿,这对于国有广电媒体来说,是一个需要极大勇气的投入量级。在内容生产上,除湖南卫视的版权内容在芒果 TV 独播的战略将会延续之外,芒果 TV 还在积极探索自己的内容生产系统,“马栏山智

造”的所有团队都可以并且已经成为了芒果 TV 内容的主力生产者和提供者。目前芒果 TV 自制的《明星大侦探》《完美假期》《超级女声》都是芒果系内容制作团队生产的优质内容。

上海广播电视台在融合过程中一直强调“耦合”的作用。上海广播电视台台长王建军表示，“通过耦合自身优势、完善生态系统”，扎实推进融合发展。台、集团的内容优势和上市公司的生态优势被看作是目前 SMG 两个最重要的比较优势，SMG 努力让两大优势充分对接、互为生态，在硬件系统和软件系统方面进行双向加强，最终实现媒体的深度融合发展。完善产业链，形成自我造血的产业闭环；创新机制，激发潜力，稳定队伍；产融结合、双轮驱动，快速做大做强，这些都是 SMG 在耦合过程中的战略方向所在。

江苏广电在“云组团、多终端”的发展过程中，也在致力于营造更有利于融合的体制机制。除了网络电视台、荔枝新闻 APP 等专门的新媒体端口建设外，新闻中心融媒体演播室的建立实际上也是为转型发展做出的准备。为了解决融媒体内容生产的问题，从体制机制上鼓励全集团记者向融媒体记者转型成为江苏广电在当下采取的一项重要策略，通过奖励、稿费发放等方式让以往的电视记者向全媒体记者不断转型，目前已经取得了不错的效果。

可以看到，目前在融媒体转型过程中取得一定成绩的传统广电，基本上都是在融媒体发展过程中进行体制机制改革和转型的先行者，无论是湖南广电、上海广电还是江苏广电，都在体制机制的改革上做出了诸多方面的尝试和探索。从渠道建设、内容生产到人才的融合发展，都需要相关的机制进行配合。市场化和资本化被看作是传统广电在融合发展过程中需要借力的两个支点，这样在真正的市场竞争过程中，才能够发挥自身的优势，具备更多竞争发展的可能性。

体制机制改革一定程度上是传统媒体向新兴媒体转变过程中基因层面的转化和突变，从基因上进行转变是深层次的转变，唯有如此，才能在发展过程中实现真正意义上的根本转型，实现可持续和长期发展。

是转型还是转基因？因为现在大家都在转型，转型已经成为一个比较时髦的说法，我个人觉得作为传统媒体来讲，转型最终还是转基因，你作为一个传统做报纸或者传统做电视的，你要转型，但根子里面如果还是按照媒体去做，还是按照传统媒体的思路去做，就永远没有出路。到现在为止，我们没有看到一个成功转型的媒体，就是因为它们在转基因这块没有做扎实，你要改造一个媒体，事实上最核心的东西还是要转型，怎么换一个芯片，我觉得这是最重要的，要不然你不可能有成功的机会，这是我汇报最核心的要点。

——据课题组对某省广电管理层的访谈

我们不光要做互联网做的事，更要像互联网那样做事。

——据课题组对某省广电管理层的访谈

一定要寻找利益诉求点，尤其是在体制机制没有根本改变的情况下，就要找到共同的利益诉求点，就是“你愿意我也愿意，你也有利我也有利”。现在媒体融合比较痛苦的是什么？有些事情是我有利你没利，而且你利小我利大，这样是做不成功的，所以没法推进，就是这个道理。没有组织架构发生变化，是不可能做成事情的。而组织架构变化，一定会涉及利益格局的调整，这是非常艰难痛苦的事情。

——据课题组对某省广电管理层的访谈

> 广电媒体转型发展，资源不是问题，技术、通道、资金，我觉得也不是问题，它们不是根本性问题。根本性问题就是体制机制的概念，打不破这个概念是没办法实现真正的融合发展的，实际上这个后面就是一种利益格局的重新调整。
>
> ——据课题组对某省广电管理层的访谈

事实上，体制机制不变革，融媒体的所有发展战略只能停留在浅层和表面，体制机制的问题之所以是一个难题，是因为背后涉及利益格局的重新分配，因此存在着较大的壁垒。只有真正形成整个集团层面的良性运转和生态体系，形成真正的市场化发展格局和体系，内部架构重新调整，制定和完善新的适用于融媒体发展的考核和评价体系，调整内部激励机制，如股权激励等，才能够真正推动广电机构的融媒体发展。

二、从平台建设到人的融合是关键

平台建设和布局，目前对于传统广电机构来说，基本上没有什么壁垒。尽管各台不同的发展路径决定了其发展模式不尽相同，但总体来讲，只要肯投入，平台建设的渠道问题并不是发展过程中的核心问题。

相比于平台建设本身，背后的人的融合才是关键所在。各类新媒体平台已经被传统广电尝试过，如网络电视台的搭建、APP 端口的建设、融媒体新闻中心的建立等，但目前真正从生产到传播再到营销，让各平台实现联动的例子并不多，事实上如果没有人的融合，媒体融合就没有办法实现真正的联动。

与商业化的新兴媒体相比，广电最大的优势在于内容生产力，这是广电机构经过几十年的发展的积淀所在，也是广电媒体在融媒体转型发展过程中应该加以放大利用的因素。但事实上，目前广电媒体开始出现大面积的人才流失问题,流向互联网是众多人才的一个重要去向。

> 互联网行业我认识很多人,他们不是不愿意到广电来,如果广电正儿八经做互联网产品,他们都愿意来。这样说的原因有三个,第一,他们觉得广电还是有很深的国家背景,在中国做互联网行业,国家背景还是很重要,很多牌照在你手上,你想做就可以做了,这就不用合作了,就变成我自有的牌照了。第二,广电做内容的能力他们觉得还是比传统互联网行业要强很多,现在很多互联网媒体内容的创作者,很多也是广电出去的。第三,现有的大型互联网企业,高管或者中层的职务已经很饱和了,他们已经走到了论资排辈的情况,一个很庞大的体系生成以后,派系也会生成,很多人没有位置或者没有发展空间。现在广电人才流失的原因是因为薪资给得很低,很多互联网创业团队都能给出这样的薪资,然后人家又能圆梦,你这里圆不了,所以我们这儿人才流失得很厉害。
>
> ——据课题组对某省广电管理层的访谈

> 为什么要资本运作,资本运作实际上有两个目的,一个就是突破它的体制机制障碍。为什么?比如说我随便举个例子,像目前的体制,广电新媒体的老总再干死干活,收入是不可能高于做得好的电视频道的老总。因为人家会说:你新媒体还要花钱,凭什么你拿钱比我们多?至于你以后的后发优势,你将来的发展前景他不考虑的。
>
> ——据课题组对某省广电管理层的访谈

而要解决人的融合的问题,体制机制的调整是关键,要让广电内容生产和传播各个环节的参与者都能够树立全媒体转型和传播的意识,一方面要鼓励人员针对新兴媒体端口生产内容,另一方面也要积极培养融媒体发展的人才,形成人才上的整体战略转型。

三、转型开放升级是趋势

融合转型是当下传统广电媒体自上而下的一种共识,并且在进一步推进当中,转型升级、融合发展被看作是未来广电媒体生存发展的必然。面对广电媒体自身的发展诉求以及来自外部商业性新兴媒体的挑战,融合发展对广电媒体来说,的确是生死攸关的大事。

然而融合并不意味着封闭式的融合,广电媒体融合发展、转型升级,坚持开放性策略才是可持续发展的根本所在。互联网思维本身就具有开放的属性,而融合本身其实也是一个开放的过程,转型开放升级显得至关重要。

> 电视跟新媒体融合,要解决自己栏目的新媒体小平台跟广电的新媒体大平台的关系,这也是一个问题。因为现在所有的频道或栏目为了自己的发展,都拥有自己的新媒体小平台,它有任何东西就给自己的新媒体平台。这个东西你也怪不得它,它也是"屁股指挥脑袋"的。在接下来的融合当中要集中全力,这个问题不解决也搞不大的。
>
> ——据课题组对某省广电高层的访谈

内部系统本身的开放和与外部的充分对接,是开放性的标志所在。目前广电融媒体实践过程中的一些案例,很好地诠释了这种开放的重要性。各大广电融媒体技术平台的搭建,离不开与外部机构的互动和连接,如各类云平台的搭建单靠广电一己之力是难以完成的。目前一些广电机构在融媒体的发展过程中,在内容生产上采用的开放性模式值得关注,例如芒果 TV 在自制剧和自制综艺的过程中也会借助于社会化的优质生产力量,而浙江卫视在近些年的崛起一定程度上与其在内容生产策略和制度上的开放性不无关系。以上海广电为代表的广播电视主体在培育自身内容生产力的过程中积极与外部平台进行对接,东方卫视中心独立制作人团队目前已经开始以独立的市场化主体身份对外进行节目内容的制作与输出,与腾讯等视频网站合作生产的节目已经上线。将目前已有的一些新兴媒体平台为我所用,也是开放性的一种表现,目前各类广电媒体在微博、微信平台上已经显示出了较为强劲的发展势头。

以我为主,同时坚持转型开放,才能在保持自身主体性的同时,推动内部的耦合和外部力量的引入,进而实现融合转型发展的目标。

第二章 本领恐慌与话语权重塑:广电融媒体新闻资讯传播

以出现早晚、发展历程来简单区分传统媒体和新媒体已经意义不大,不是传统媒体就必然走向衰落,也不是新媒体就必然代表着未来,不以新旧论英雄,话语权才是硬道理。没有话语权,传统的主流媒体只会日渐式微,没有话语权,所谓的新媒体也只会是过眼云烟。

——据课题组对某省广电高层的访谈

融媒体新闻资讯传播能力的发展是广电融媒体转型的重要内容。习近平总书记在多次讲话中指出,加强新时期媒体融合建设的关键之一,就是新闻资讯和舆论工作。据《习近平关于全面深化改革论述摘编》收录,习总书记在对各级宣传工作负责同志的讲话中指出,很多人特别是年轻人基本不看主流媒体,大部分信息都从网上获取。必须正视这个事实,加大力量投入,尽快掌握舆论战场上的主动权,不能被边缘化。要解决好“本领恐慌”问题,真正成为运用现代传媒新手段新方法的行家里手。

第一节　谁是主流?广电融媒体新闻资讯传播能力发展现状

随着商业性网站和移动互联网终端的媒体属性越来越重、渠道优势日益显著、机制体制在市场化运营的规则下更加灵活、内容原创力和购买力日益增强,这对于传统体制内的媒体来说,形成了全方位的压迫。2015年,电视的日到达率为75.3%,较2014年下降了3.5%。电视日到达率总体下滑的局面仍在延续。① 传统垄断性的渠道优势随着受众媒介接触习惯的改变而消失,而传统媒体囿于机制体制的惯性难以突破,这对包括广电媒体在内的传统媒体的融媒体转型提出了艰巨的挑战。

一、突发应急事件情境下的资讯融媒体传播能力考验

从"三网融合"到"媒介融合",融媒体的发展道路经历了不同的阶段。为了迎合互联网发展的大潮,传统广电媒体走上了融合道路,选择与互联网共同发展,由传统媒体逐渐向新型融媒体过渡。从全国省级广电系统来看,虽然国家新闻出版广电总局已经通过文件形式确定了融媒体的发展道路,让转型之路度过了自发式阶段,但发展层次仍处于初级阶段,大部分电视台尚处于探索发展时期。

从收看习惯上看,过去三十年,电视新闻曾经是多数人获取外界信息的主要渠道之一,但在互联网的发展背景下,电视新闻因其固有

---

① 崔保国主编:《传媒蓝皮书》,社会科学文献出版社2016年版。

的播出特点已不再能够满足市场需求。而新媒体新闻则拥有点播、回看、交互等多种功能,互联网信息的获取十分便捷,传播方式易被年轻用户接受,并且可以引发网友的互动,这些传播特性契合了新时期用户对于新闻使用性的需要,这从根本上改变了电视新闻播出的线性顺时特征。

截至 2016 年上半年,电视媒体的日到达率为 69.9%,同比降低了 5.4 个百分点,环比增长率为−7%。2013 年到 2016 年期间,电视媒体的日到达率总体呈平稳下降趋势。从电视媒体的日均接触时间来看,2013 年上半年电视媒体的日均接触时间为 164 分钟,随后波动下降,到 2016 年上半年下降到 145 分钟,但仍是日均接触时间最长的传统媒体。

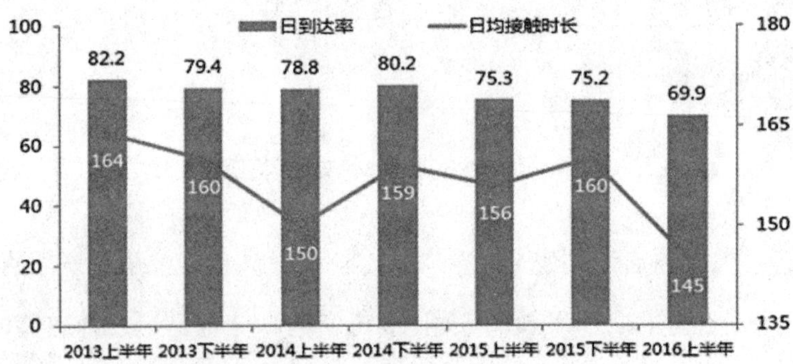

图 2-1　2013～2016 年上半年电视媒体的日到达率(%)及日均接触时长(分)
(数据来源:中国城市居民调查 CNRS-TGI)

而从新闻资讯传播的角度看,体制内媒体依然拥有一定的竞争优势。受众对电视的信任依然是电视媒体的重要资产。调查显示,电视的可信度和好感度仍然位居首位,27.6%的城市居民认为"电视是信息非常可靠的媒体"。因此,在新闻资讯类内容的传播上,如何利用好宝贵的可信度资源,做好新闻资讯服务,再造融媒体时代的主流资讯传播媒体,是当前广电融媒体转型的重要课题。

但与此同时也必须看到,对于新闻资讯的获取方式在年轻人群中已经发生了重大变化。第三方研究机构 QuestMobile 在 2016 年底发布的数据显示,年轻一代的资讯获取方式基本已社交化,而不再依赖专门的资讯获取渠道。如图 2-2 所示,凡是 TGI(偏好度)高于 1.2 的,说明该领域属于 90 后用户的重度使用领域,低于 0.8 的正好相反。仅以渗透率 TOP 1 到 20 的领域为例,微博社交的 TGI 相当高,综合资讯却相当低。

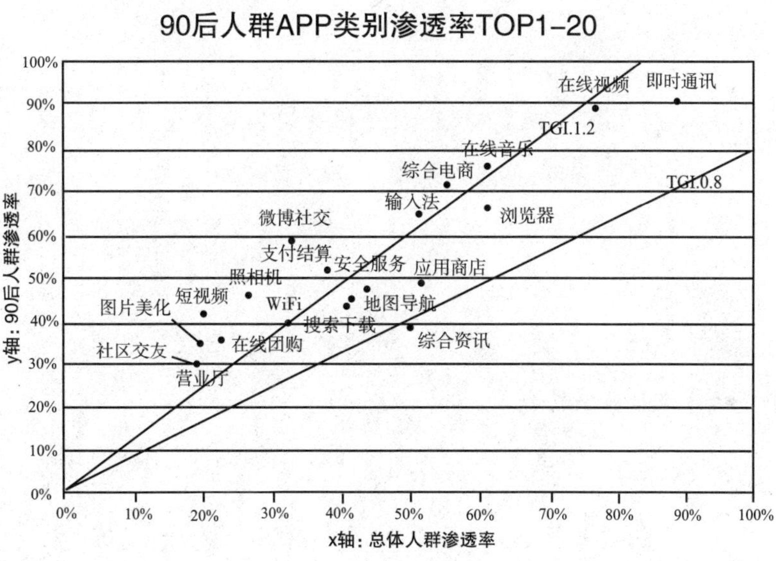

图 2-2　90 后人群 APP 类别渗透率(数据来源:QuestMobile)

传统媒体的新闻生产思维在互联网环境下已经表现出了明显的水土不服。哈尔滨大火事件、上海外滩踩踏事件、天津港"8·12"瑞海公司危险品仓库特别重大火灾爆炸事故等一系列重大突发性应急事件中,传统媒体的新闻资讯传达出现系统性失灵,无法满足百姓的知情权,也没能回应社会情绪的关切,使得本已稀缺的传统媒体公信力进一步受损。事实证明,互联网的资讯传达和舆论引导绝不是简单地将传统

图 2－3　天津港“8·12”瑞海公司危险品仓库特别重大火灾爆炸事故后的媒体表现

媒体的方式移植到新媒体平台上即可，它需要内部深层次的化学反应。

> 什么叫主流媒体？不是你自己说你自己是主流媒体，你就是主流。以前的主流媒体，是因为它们有渠道优势，电视台收视率那么高，是因为电视台只有它们能做，其他人不能做。我们很多时候觉得自己节目做得牛，其实不是因为节目做得好，是因为在这么一个强势的渠道上。所以遇到新媒体的变革的时候，我们自己有一个清晰的认识。现在这种渠道逐渐被互联网整合了。
>
> ——据课题组对某省广电高层的访谈

> 我们一直在做媒体融合的工作。广电作为一个主流媒体，要做的就是通过推进媒体融合，解决主流媒体边缘化的趋势问题，不能让主流媒体边缘化，在新媒体领域里面要发声。
>
> ——据课题组对某省广电高层的访谈

2016 年 2 月 19 日，习近平总书记来到人民日报社、新华社、中央电视台三家中央新闻单位调研，下午主持召开党的新闻舆论工作座谈会，对媒体的创新融合做出重大部署。此次来到三家中央新闻单位，习近平对互联网催生的新闻传播新技术、新业态、新机制尤为关心和重视，他不仅听取汇报，还多次试用体验，对“互联网思维”这一创新融合工作的切入点做了细致调研。习总书记指出：“读者在哪里，受众在哪里，宣传报道的触角就要伸向哪里，宣传思想工作的着力点和落脚点就要放在哪里。要顺应互联网发展大势，勇于创新、勇于变革，利用互联网的特点和优势，推进理念、内容、手段、体制机制等全方位创新。”

传统媒体受限于传统体制机制的惯性，往往在内容发布的空间、及时性和传播渠道方面处于劣势。传统媒体受限于内容生产流程和媒体本身的属性，在突发事件发生时，往往处于被动，常常错过第一落点。而传统媒体的新媒体端则成为新闻竞争的有力武器和占领舆论高点的重要渠道。

在这样的背景下，政府主管部门对于传统媒体的扶持方式就显得尤为重要了。政府信息的权威性、披露的前置性是传统主流媒体的优势所在，尤其在重大和突发事件的信息发布中，政府信息如何发布、何时发布、通过何种渠道发布往往成为特定媒体在复杂舆论和信息场中的特殊竞争资本。目前，一些地方已经建立起较成熟的突发事件信息发布机制，在突发事件发生时，都能在第一时间迅速建立官方信息的传播渠道。

图 2-4　2011 年 5 月 1 日周日晚,美国总统奥巴马宣布击毙本·拉登

纵观国外的经验,在重大新闻事件的发布过程初期,政府和媒体往往存在一种特殊的博弈与合作机制。例如,在 2011 年 5 月 1 日周日晚,美国宣布本·拉登被击毙的重大新闻时,首先通过“吹风”的方式向媒体透露:总统将打破往常惯例,在周日晚上午夜亲自出席一场新闻发布会,发布关于“国家安全的重大新闻”。在得到初步消息后,各大媒体都纷纷停止正常的节目播出,提前数小时开始进行突发新闻的直播,分析可能发布的内容是什么。CNN 的记者在直播节目中号称得到了来自政府内部不愿意透露姓名人士的消息,称总统即将发布的内容为本·拉登被击毙的消息。随后各大媒体纷纷将焦点转向这个新闻点,进行深入的分析。因此在奥巴马总统于 11:00 召开新闻发布会之前,事实上多家媒体均已陆续得到内部消息确认了新闻的事实,在经过各种特别节目预热后,总统发布会成为了整个新闻发布的高潮。

因此，在重大、突发新闻的发布机制上，应以传统主流媒体的新媒体端或账号为首发渠道，这样有利于传统主流媒体能够第一时间获得相关消息，先跑一步，在新媒体时效性至上的环境中，占据有力的竞争位置，充分体现舆论引导的“时、度、效”原则，压缩流言、谣言传播的空间。[①]

二、顶层战略设计下的在地化实践：来自省级卫视的案例经验

伴随着网络环境的改变，尤其是互联网技术的飞速发展，新闻领域的传播形式与传播内容不断丰富，也出现了网络电视台、两微一端、IPTV 等多种新型业务，特别是手机平台的建设，成为了新的战场，传统广电媒体机构重新整合资源，探索新媒体的发展道路，开启了全新的市场化运作。在全国，涌现出了一批新闻融媒体发展的典型模式。

1. 江苏广电：云平台整合，多平台联动

江苏广电从 2012 年起开始打造“全媒体新闻联动平台”，在原有新闻中心的基础上，建立网络电视台，在用户手机平台上推出荔枝新闻客户端。与其他省级广电系统最大的不同是，江苏广电建立了自己的“荔枝云平台”，通过“荔枝云系统”，实现了各个平台之间的资源共享，在技术上为新闻平台的联动提供了最基本的保障。

（1）技术倒逼组织内部架构整合：荔枝云平台

荔枝云平台的建立，突破了媒体形态的边界，将新闻资源汇聚、生产管理及对外播发纳入同一体系，全方位、立体化提升了融合新闻策划辅助决策能力。平台可以动态汇聚海量新闻线索，全面获取新闻事

---

① 周逵：《传统主流媒体的跨平台传播现状及问题分析——以北京市属主流媒体为例》，《东南传播》2015 年第 9 期。

件的最新情况和各方视角，综合运用大数据提供背景、脉络、时间相关性等有深度的数据分析，力求新闻素材更加丰富，新闻热点抓得更准，新闻信息一次采集、多元化传播。平台打通了江苏广电台内、台外平台的信息流通阻碍，让记者打破时空限制，不管何时、身处何地，只要登录荔枝云平台，即可选择基于移动终端的应用工具，让挑选新闻素材、编辑加工内容、传输发布节目变得随时随地、高效迅捷。

同时，平台与全媒体演播室相结合，通过虚拟场景对新闻事件进行还原，将节目资讯、节目片花、精彩集锦、成品节目发布到相应的播出系统和社交媒体上，发起热点调查、话题讨论、观众投票与观众实时交互，形成台内台外、线上线下、全媒体、全即时、全互动的立体传播格局。

荔枝云平台的推出，不仅在内容制作上优化了流程，在管理机制上也推进了扁平化改革。[①] 在新闻制作流程中，通过荔枝云平台，减少了因流程不畅所消耗的时间，节约了沟通成本。

> 我们整个总台的技术团队有500人左右，整体素质是好的，对我们节目的支撑发挥了很大的作用。现在这个平台已经基本具备雏形，但做这个平台要解决两大问题：一是台里面资源的整合问题，通过云平台的建设，需要把广播、电视、新媒体这些方面整合在一起，解决信息汇聚、信息处理、信息分享与发布等问题，还有我们整个受众的分析，全部要在这个平台上面完成。
>
> ———江苏省广播电视总台(集团)台长兼董事长
>
> 南京大学新闻传播学院院长卜宇

---

① 《江苏广电荔枝云平台正式发布》，荔枝网，2015年11月17日。

荔枝云系统的出现为整合各个部门的资源提供了可能。任何一个平台的新闻部门采集的新闻资源都可以利用云系统共享，以供其他部门再生产使用，这解决了各个部门孤岛式的发展问题，将各个部门的发展融合到集团的统一发展链条上。荔枝云系统还可以提供大数据收集业务，整合每个用户的互动数据，通过新闻客户端做出精确的用户分析，依照算法排列出用户感兴趣的新闻，并在未来实现精准的广告投放服务。除了能够在新闻生产上体现优势，荔枝云系统同样可以应用在娱乐、综艺节目的生产上。

在荔枝云系统的保证下，江苏广电有能力统一部署，对资源进行分业务使用，可以节省成本并提高效率，打通生产途径，统一全台信息，变各个部门的独有资源为全台公共资源，由全媒体内容部整合信息，各个部门根据自身的不同权限取用。

> 最近这五年，实际上我们所有新闻的运作都跟新媒体密不可分。比如说我们早上的报题，我们索要的新闻的来源、线索，很多都是从新媒体端而来，我们所有的记者都是全媒体记者，不仅可以给电视台写稿子发片，同时也可以给网站和我们的客户端做类似事情。我们还有一档专门的全媒体新闻栏目，叫“网罗天下”，其完全把网上的一些内容放到电视上，然后同时也是结合了全媒体的演播室。
>
> ——据课题组对江苏广电管理层的访谈

(2)打造新闻资讯服务移动终端：荔枝新闻 APP

2010 年 12 月，江苏网络电视台正式上线，该平台定位于“视频＋新闻＋社区”三种服务，整合多种媒体形式，提供时政、社会、娱乐、体育、影视资讯等综合新闻与信息，集新闻资讯、视频点播、互动交流于一体。经过6年的发展，江苏广电新媒体已经形成了“全媒体新闻联动平台”，同时依托江苏网络广播电视台旗下“1＋6”产品集群（分别为主站“荔枝网”和6个手机客户端：“荔枝新闻”“乐享电视”“荔枝社区”“无线江苏”“天翼长江手机台”“手机视讯”），打通江苏广电旗下电视、广播、报纸、网络等众多媒体版块，进行多种内容的联合生产、整合发布和全媒体营销，规模化构建全媒体传播格局。

在这个庞大的产品群系列中，江苏广电尤其重视手机端的建设，推出了一系列的新媒体产品。2013年初，江苏广电在全国省级广电中率先推出了手机新闻客户端——荔枝新闻，努力在网络舆论场中打造一个有影响、有特色的新平台。

> 做出决策之后，总台迅速启动这一项目，组织台内方方面面的力量，跨部门合作攻关，从版面设计到栏目设置再到内容呈现，反复打磨，精益求精。为了确保新闻客户端顺利运行，总台建立了一整套配套机制。首先是把关机制。什么样的新闻要立刻发布？什么样的新闻要等权威消息发布后再发布？什么样的新闻适合推送给用户？这些都有清晰的标准，明确每一环节的责任人，确保信息发布的及时、准确。其次是24小时轮岗制度，保证新闻发布的时效性。再次是系统的考核激励制度，把用户量增长、用户反馈等跟项目人员的绩效挂钩，引导项目人员更加关注用户。经过调研、策划、测试等多个阶段，2013年8月20日，荔枝新闻手机客户端正式上线。
>
> ——江苏省广播电视总台（集团）台长兼董事长
>
> 南京大学新闻传播学院院长卜宇

根据卜宇台长在《强化平台意识 传播主流声音——“荔枝新闻”客户端的探索和思考》一文中的总结，作为广电媒体推出的客户端，荔枝新闻具有自身的鲜明特色：

一是用新媒体的方式创新重大主题报道，强调要遵循网络传播规律，以新媒体的思维和理念去做荔枝新闻。在重大主题报道中，荔枝新闻努力寻找主题报道与网民关注问题的结合点，用新媒体的传播方式和表达方式加以呈现，获得了较好的传播效果。2015 年全国“两会”报道中，荔枝新闻共推出相关专题 19 个，累计点击阅读达 550 余万次。其中，“‘四个全面’战略布局”专题累计点击达 120 万次，《习近平首谈“四个全面”意味着什么》《一图读懂“四个全面”》等核心稿件累计点击均超 12 万次。利用最新的 H5 技术，江办广电在荔枝新闻上为 150 余名驻苏人大代表、政协委员建立起个人主页式的“两会 E 档案”，不仅让代表委员们能随时随地互相沟通、讨论提案议案，更让荔枝新闻用户能便捷了解江苏团代表委员们履行职责、参政议政的情况，让“两会”声音得到广泛传播。“两会 E 档案”总点赞数超过 40 余万次，累计阅读超 85 万次。在江苏广电总台推出的全媒体大型新闻纪实节目《你所不知道的中国》制作过程中，荔枝新闻派出记者跟组赴全国各地采访，为用户提供了大量精彩内容。如根据记者的拍摄路线和沿途风景趣闻，推出特色内容版块“行走”“60 秒领略你所不知道的中国”等，受到了网友欢迎。

二是让用户成为内容的生产者和提供者。荔枝新闻不仅在台内培训了 500 多名全媒体记者，还组织了近百名荔枝特约通讯员、1600 多名校园记者、3000 多名荔枝热心网友，平均每月收到稿件约 3000 条，其中发布的约 1200 条，做到“第一时间、第一现场”，大大提升了报道的时效性、现场性和参与性。同时专门开设了针对普通用户的“在现场”栏目和“投票”版块，前者可以上传身边趣事、突发消息，后者则可以参与相关报道和活动，目前“在现场”平均每月来稿约3000条，“投票”平均每月近12000人次参与。

三是主动设置议题，发动网友参与。作为新媒体平台，荔枝新闻着力加强话题策划能力和议题设置能力，加强受众认同感，同时跟进广播电视等传统媒体报道，进一步扩大影响力，提升传播效果。2014年，在首个“侵华日军南京大屠杀死难者国家公祭日”纪念活动中，荔枝新闻联合多家新媒体平台，发起“我们的和平树”大型全媒体公益活动，江苏卫视与江苏公共频道并机推出的“国之祭”12小时直播节目报道活动相关情况，网络和电视同步直播点亮“世界最高和平之树”，参与网友突破215万，有效传播了爱好和平、守护和平的声音。在《你所不知道的中国》播出期间，荔枝新闻发起了“你所不知道的中国图文征集”“你所不知道的中国海报征集”两大活动，共收到作品1000多幅，互动参与累计10万人次。

四是有效引导社会热点。荔枝新闻着力强化评论特色，建立了特约评论员队伍，推出了原创评论版块“荔枝时评”，及时点评社会热点，深度解读新闻事件。自2014年9月份上线以来，“荔枝时评”总点击量达到220万次，不少评论产生了较好的社会影响。如《专车动了谁的奶酪?》在微信朋友圈被大量转载，反思新闻伦理的《我可不可以不悲伤》《没在传统媒体待过真不能叫做过新闻》在新闻业内引起热烈讨论，《经受住监督的吴晓茅带来的教训》被多家媒体转载，《“面馆接访”堵了市长疏了民心》获2014年度江苏省网络好新闻评论类二等奖。

五是积极发挥舆论监督功能。舆论监督是主流媒体的重要职责，荔枝新闻专门开设了《监督》栏目，网友可以通过手机，以图片和文字的形式，将他们在日常生活中遇到的消费侵权行为反映给荔枝新闻。

荔枝新闻特别安排了两名记者，联合江苏广电总台相关新闻栏目的专职舆论监督记者，结合法律专家，对网友的投诉给予快速回应与指导。目前《监督》栏目累计解决投诉约 8000 件，是荔枝新闻中网友参与度非常高的版块之一。[①]

2. 上海文广看看新闻 Knews：融合组织架构，打造 24 小时资讯视频流

过去两年中，SMG 集团电视新闻中心以原媒体指挥平台为基础，以电视端口的 SMG 电视新闻中心与网络端口的看看新闻为两翼，共同发展。全媒体指挥平台发挥“中央厨房”的功能，看看新闻定位于上海本地，深度挖掘原创内容，将直播与新闻多个版块联动，实现新闻内容的互联网化。但这样的“化学反应”火候不够，无法从根本上解决看看新闻原创新闻能力不足的问题，其与电视新闻中心的互动黏度依旧不高。因此，融媒体产品看看新闻 Knews 应运而生。

为了释放更强的生产力，上海广电高层决定从体制设计上进行改革。2016 年 6 月 7 日，由 SMG 与上海广播电视台全力打造的融媒体中心正式成立，同时上线的还有融媒体中心的新闻产品——看看新闻 Knews。这是 SMG 在“深度融合、整体转型”战略下的一项重要举措和实质性成果，是媒体融合最直观的体现。

> 为什么希望你记住这只啄木鸟？这只鸟要干什么？我把我们的看看新闻 Knews 界定为“融媒体新闻产品”，它可以分解为三个关键词：融媒体、新闻、产品。
>
> 第一个关键词是融媒体，是因为我们看看新闻 Knews

① 卜宇：《强化平台意识 传播主流声音——“荔枝新闻”客户端的探索和思考》，《新闻战线》2015 年第 7 期。

图2－5 2016年6月7日，上海广播电视台、上海文化广播影视集团有限公司宣布融媒体中心正式成立，同时由该中心推出的融媒体新闻产品“看看新闻 Knews”正式上线

既要覆盖我们的传统渠道，也要覆盖我们的新媒体渠道。它将承担我们东方卫视传统平台上的各档新闻的产出，同时它要在我们的百视TV的OTT中开辟出看看新闻Knews的有关区域，在里面会有一条名为“knews”的24小时更新的视频新闻流，还会有一批适合网络播发的视频新闻产品，同样我们还要进入移动客户端，打造我们自有的平台看看新闻Knews。所以看看新闻Knews的团队，是一支在传统媒体战场和新媒体战场上同时进军的队伍。

第二个关键词是新闻，新闻是我们的核心竞争力，也是我们安身立命的价值所在。我们会有大量的网络信息的聚合，作为基础新闻面的保证。但同时我们会把最优质的力量，集中到优秀的原创深度报道当中去。我们不想只是简单地做抓取粘贴或者搬运工，我们会坚持做严肃的、负责任的、有价值观的新闻报道。我们知道这个很难，有很多同行和朋友告诉我们，这个做法不讨巧,但是我们的团队认为,在这个世界上不是所有的事情都有巧可以去讨的。在这个世界上有些东西要实实在在地做,这份“做”不容回避,也不应该去回避它。原创的、优质的新闻报道,所反映出的新闻人的理性、良知、勇气,仍然是我们这些投身新闻事业的人所能看到的,我们也相信,它仍然是社会公众对一个新闻媒体所最看重的东西。

第三个关键词是产品,这是我们过去做传统电视的人比较欠缺的,因为我们知道做新媒体的新闻人,有很强的产品意识,所以我把自己转化为一个产品经理的角色,今天在这里做汇报和交流。我们除了在传统的电视频道和 OTT、IPTV 的渠道当中有线性传播之外,还会打造一批短视频的新闻 IP,我们会更加重视用户体验,更加重视数据分析,更加重视受众互动。

——据课题组对上海广播电视台新闻总监、
融媒体中心主任宋炯明的访谈

看看新闻 Knews 打通了传统媒体和新媒体的三种渠道:传统的东方卫视频道,IPTV、手机电视和 BesTV 互联网电视平台,看看新闻 Knews 手机客户端。这样能够在充分发挥传统媒体公信力强、用户基础好、影响力大、认知度高等特点的同时,利用新媒体及时、快速、广泛的优势,使同一新闻能在同一时间通过三方平台发布。只要有网络或者电视,用户就能够通过任意一平台获取资讯。[①]

作为融媒体改革的先头部队,SMG 的改革目的是为了大幅度提升新闻原创生产能力,如果内容生产跟不上,任何环节都要落败。看

① 焦雨虹:《上海文广新一轮改革整合背景下的融合发展研究》,《声屏世界》2016 年第 7 期。

看新闻 Knews 改革后,原创生产力被大大激发。看看新闻 Knews 力求打造全天 24 小时新闻直播流,在人力成本有限的条件下,仍然保证全天 24 小时各个时段播出,并且不断加大新闻原创深度报道、开设新闻直播节目,并尝试在演播室加入微信等即时通讯环节,极大地丰富了东方卫视的新闻内容。

事实上,融媒体中心的成立,标志着上海广电集团内部对视频新闻的旧体制进行了重建。在新闻内容上,视频新闻依旧是看看新闻 Knews 的核心竞争力,具有新闻性的直播互动是其最大亮点。看看新闻 Knews 具有的新闻直播流服务,不但可以满足用户对新闻原创优质内容的需求,而且提升了队伍的强度,保证了制作团队始终处于一种敏感且迅速的状态。

在运营上,上海广电通过内部深度的资本融合,打破了体制的壁垒,规避了传统体制的弊端。看看新闻 Knews 实现了电视、APP、IPTV 多通道播出,从本质上落实了"中央厨房"的概念。

> 从制度设计上来讲,我觉得做得比较好的其实是架构的机制设计,对于我们 SMG 这样一个大集团来说,能够下这么大的决心,把我们最精锐的电视新闻中心、外语中心,跟我们原来看看新闻网全部打通融合在一起,来制定一个中心,而且在这个电视新闻中心当中,把我们长期以来在国内新闻界享有盛誉的东方卫视新闻团队整体转型,做新媒体,这个我觉得是下了很大的决心。
>
> ——据课题组对 SMG 管理层的访谈

3. 浙江中国蓝:一网两台,立体传媒

浙江卫视总编辑王水明曾说:"媒体融合就是品牌化运作。"中国蓝品牌的运作对浙江广电的发展具有举足轻重的意义。浙江广电从

2008 年开始推出中国蓝战略、2009 年打造新蓝网平台以来,经历了长期的跨越式发展。多年的实践让浙江广电顶层设计者把自身的首要诉求放在了社会效益上。作为省级卫视,浙江卫视新闻资讯节目把弘扬主旋律放在首位,有机地统一社会效益与经济效益的关系,配合电视台与广播台,协调弘扬主旋律与提倡多样化的关系。

新蓝网立足本地新闻,战略重点向移动端靠拢。新蓝网移动端的建设不仅仅停留在产品层面,在工作机制上也与浙江卫视新闻中心联动,同时运用新媒体元素对视频资源进行再次生产,通过丰富、补充、延伸、提升等方式完成融合新闻的产出。在新蓝网的基础平台上,浙江广电建立了"中国蓝新闻"来作为主流网络新闻的出口。

浙江是本地文化认同较高的省份,新蓝网也在其门户首页推送了大量浙江本地的信息与服务。新蓝网吸收了来自钱江台等地方频道的优质人才资源,为提供一流的本地信息奠定了基础。例如在2016 年 G20 峰会期间,新蓝网进行了 24 小时跟进式报道,并在平台上提供了多处服务类信息以便市民在峰会期间出行。针对互联网的传播特性,新蓝网推出"你好 G20"活动,向全社会征集"您与 G20 的故事",鼓励市民将自拍的微视频上传至新蓝网,说出自己身边的杭州故事;同时围绕 G20 主题,推出一系列新媒体特别策划,如"杭州欢迎 U"等活动促进了新蓝网的媒体融合之路。

新蓝网的新闻平台采取了内联外延式的发展道路。内联就是以集团内的资源,在新媒体端口制作深度新闻报道。这其中包括新蓝网、中国蓝客户端、浙江卫视新闻中心的客户端,整合几大平台资源来共同生产新闻,提升整体品牌的影响力。此外,内联还包括与一些集团内部资源的整合,例如在发生重大事件时,浙江广电集团要求几大频道共同来直播,所有平台与新蓝网共同上阵,例如全国"两会"、省内重大会议期间等。外延主要是指跟新媒体公司合作,借助市场中优秀的团队力量完成传播,借船出海,但仍然以新蓝网品牌为领航。具体包括一些联合行动、活动策划、视频新闻的分发,比如新蓝网每年固定的钱塘江潮直播,采用分频道直播的方式,利用新媒体技术打破了电视的线性拘束,观众可以根据自己的意愿挑选频道、挑选角度,观看钱塘江潮。

作为新媒体产品,一定要做出与传统媒体的区别。为照顾用户的个性化与多元化,新蓝网使用多种传播手段对传统新闻产品进行二次加工,并在网络平台上再次传播。例如,为顺应互联网碎片化传播的特性,浙江电视台的所有新闻节目都会被拆成单条新闻供用户查看,而为了克服电视传播的固有缺陷,新蓝网还运用多视角、递进式报道对新闻事件进行跟踪,以便用户随时查阅。

> 现在媒体融合比较痛苦的是什么?就是有些事情是我有利你没利,或者你利小我利大,这样是做不成功的,所以没法推进,就是这个道理。所谓中央主管之类,组织架构不发生变化是不可能做成事情的。而组织架构变化,一定会涉及利益格局的调整,这是非常艰难痛苦的事情。
>
> ——据课题组对新蓝网管理层访谈

4. 中外融媒体资讯类栏目案例

(1)案例一:美国福克斯电视台《新闻甲板》

2013 年 7 月,美国福克斯电视台(FOX)宣布推出一档全新的节目《新闻甲板》(News Deck),其以前所未有的节目形态、颇具未来感的节目设计,作为应对新媒体时代电视新闻收视方式变化的全新实验,节目一经推出,迅速广获好评。

为了配合这档节目的设计,位于纽约的福克斯新闻直播间进行了全面改造,以多台 55 英寸屏幕作为信息操作台,还有一面 38 英尺长的屏幕墙,福克斯的新闻直播间成为一个新闻信息处理整合发布中心。为了应对收视习惯的变化,主持人和信息处理专家将多平台新闻信息进行整合,将新闻处理后台过程前移,分别将不同选题的新闻信息分为"有新闻价值"(news worthy)、"正在调查中"(investigating)和"已证实"(confirmed)三类,将新闻消息的获得、证实、证伪过程以可视化、动态的方式进行呈现,并利用社交媒体分析工具,与全媒体形式的信息进行无缝链接。

图 2-6　美国福克斯电视台《新闻甲板》节目视频截图

(2)案例二:凤凰卫视《全媒体全时空》

2013 年 1 月 1 日,凤凰卫视推出全媒体新节目《全媒体全时空》,全面整合不同媒介的资源,对提高电视与广播的融合效率具有很强的借鉴意义。《全媒体全时空》在节目当中大量采用了现场连线、互动参与、直播等手段,将报纸、广播、互联网、微博、微信等多个媒介的信息进行整合发布,其中特别值得关注的是电视与广播之间的资源整合。

让《全媒体全时空》实现互动的途径之一就是广播。通过在节目当中连线 U－Radio,《全媒体全时空》将广播节目的“听众连线互动”功能融入到电视节目,为观众提供了一个随时可以参与评论的平台。观众打电话到凤凰 U－Radio,可以就当日话题与主持人进行互动,谈论自己的观点和看法。如凤凰台主持人杨舒所介绍的:“不论你身在何方,打个电话到凤凰 U－Radio,你的讨论就会同步在电视上出现。”通过广播与电视的配合,每一名普通观众都可能成为《全媒体全时空》的评论员。

《全媒体全时空》容纳了电视、广播、报纸、微信等多种媒介形式。不同媒介的特质不同,决定了它们在节目中所承担的角色也不同,如何将不同元素有机结合就是一个技术挑战。《全媒体全时空》责任分配明确:广播、微信、网络提供的是观众的声音,是“互动”与“意见”,因此它们承担的是评论部分的内容版块;而电视新闻版块则发挥视听优势、权威性,侧重的是新闻报道本身。

5. 来自其他传统主流媒体的经验与困惑

除了广电媒体以外,各大主流媒体都在尝试机制体制创新,试图突破目前的技术和体制困境。面对如微信、微博等第三方强势平台的媒体化和生态化趋势,不少传统主流媒体也开始尝试在第三方商业性媒体企业的生态中“借船出海”,搭建自身的子品牌和“能见度出口”。

以《北京青年报》为例,报纸按时政、评论、本地新闻、文化新闻、副刊等不同内容的传播特点,将报社的现有资源进行细分,发展“北青”微信的公共账号矩阵,将优质的内容及时、广泛地进行传播。目前,除了官方微博、微信外,报社编辑部各部门也都开设了具有自身特色的微信公众号,其中“政知局”“团结湖参考”“放牛班”“教育圆桌”等公众号已经形成较大的影响力。

再如北京日报报业集团 2014 年出台了《新媒体项目扶持办法》

（以下简称《扶持办法》），鼓励、倡导探索和发展新媒体项目。《扶持办法》实施后，《北京日报》已初步形成微信公众号集群。目前，《北京日报》的微信小号已达 15 个，如“长安街知事”“艺绽”“理论周刊”“东张西望”“北京最新鲜”“行走京津冀”“党报帮您办”“体育没有圈”等。特别是“长安街知事”，这个微信公众号是《北京日报》时政部创办的政务类微信公众号，凭借对人事新闻、重大时政的独家深度权威解读，该公众号已经成为市委领导关注、政务人群必读的微信公众号，微信阅读数动辄过万甚至突破十万。①

目前，通过开设微信公众号拓展传统主流媒体舆论影响力的方法，已经成为相对比较成熟的经验，归纳起来有以下几点特色：

第一，建立激励机制，鼓励内部创新。如北京日报报业集团就出台了《新媒体项目扶持办法》，项目负责人要参加现场答辩，项目通过了审批才能享受扶持政策。尽管内部激励机制的作用有限，员工参与也并非仅仅为了经济回报，但正是这样的制度保证，使得零星的创新火花可以得到收集，以重新点燃原本沉闷的传统媒体内部文化，尤其对于年轻员工来说，这样的行为背后形成的认同感可能是更重要的参与动机与诉求。

第二，建立独立的子品牌，甚至与传统媒体的主品牌做适度的分离。传统媒体进行新媒体尝试，以往的思维惯性是，一定要牢牢地打上自身的标签。在如今复杂的舆论环境中，客观上受众对于传统主流媒体的刻板印象甚至可能成为其新媒体尝试的“负资产”。在这一波跨平台的尝试中，不少主流媒体都注意到了主品牌和子品牌的分离，比如“政知局”“团结湖参考”“长安街知事”都未曾刻意强调自己《北京

---

① 《北京日报：以原创新媒体项目推进融合》，http://difang.gmw.cn/newspaper/2015－08/01/content_108285962.htm。

青年报》《北京日报》的官方身份。《人民日报》的“侠客岛”也同样如此。同时，在命名上注重互联网特色，更加轻巧、有传播性以及人格化特征，这对于内容的传播起到了正面的作用。这些微信公众号的品牌知名度已经达到甚至超过了原属媒体的主品牌。

第三，瞄准目标受众，打造垂直内容品牌。与以往传统媒体转型新媒体多采用大而全的方式不同，这一波尝试中传统媒体着力探索新闻产品的垂直化、分众化和社交化新路。“团结湖参考”“政知局”“长安街知事”定位于严肃的时政内容；而“东张西望”则定位于财经类垂直内容；还有聚焦更年轻人群的“放牛班”等。“政知局”从 2014 年 5 月上线至今，已形成了以“北上广”一线城市居民为主，包括中央国家机关及各省市公务员、律师、媒体从业人员等知识分子、精英人群在内的粉丝群体。而主打时政评论的“团结湖参考”也屡创奇迹，一篇《“后周时代”的九大政治猜想》创下 180 万阅读量的阅读纪录，同时“团结湖参考”在 3 天内通过 3 篇文章吸引订阅 8 万份。可以说，以上个例之所以成为现象级公众号，与它们精确的品牌和内容定位密不可分。①

第四，互联网语态和权威内容的良性结合与互补。在目前的实践中，传统主流媒体如何改变自身的语态以适应如今的媒介生态显得尤为重要。在这点上，一些传统主流媒体的微信公众号已经摸索出比较成熟的经验，如“团结湖参考”在 2014 年十八届四中全会期间推出了系列评论：《十八届四中全会，风往哪里吹？》《期待法治，就像期待蓝天》《风声四起，还能愉快地玩耍吗？》《治大国如下围棋，厚一点好》《一张图读懂四中全会决定？别逗了》。再如“政知局”的一些经典推送：《习近平的老同事们》《习近平引导这样的“新官话”风气》《李克强的两堂经济公开课》《李

① 据调研访谈，时间：2015 年 1 月，地点：北京青年报社。

克强收了哪些礼?》《那些年你可能没见过的国庆日〈人民日报〉头版》《别再传35人"死亡红线"了》等。

在利用商业媒体进行传播的尝试中,主流媒体也遭遇到诸多困惑。目前各大媒体的微信发布受制于腾讯公司的微信部门规定,在微信公众号的发布频次、内容审核机制方面存在着一定的问题需要理顺。如目前而言,微信公众号的发布频率为每日一次,部分媒体则拥有超级发布权限,每天可以发布三次甚至更多;另外,对于微信公众账号的内容审核,目前腾讯公司基本还是依靠关键字筛查、辅以人工审核的方法。这就出现了一个不适应:互联网公司的内容把关人并没有丰富的内容生产和把关经验,他们的把关行为常常基于比较刻板的机械方法,复核和申诉机制也往往形同虚设。这种过分保守的内容审核机制在某些情况下制约了传统媒体内容的跨平台传播。有一家市属媒体的新媒体负责人透露,他们的微信内容已经在纸质媒体上发布,但是在微信平台发布后,因为触发了某关键字被直接删除。而事实上,所谓的"关键词"筛查本身是一种过于死板的审核机制,因为关键词无法决定内容的导向,这反而会让主流媒体丧失正向引导的契机和渠道。[①]

第二节 从"相加"到"相融":新闻资讯融媒体传播特征及难点

广电融媒体的发展不仅牵涉传统广电机构的命运,更关系到整个传统媒体行业的兴衰。广电媒体急需摆脱传统思维,正视自身的弊端

① 周逵:《传统主流媒体的跨平台传播现状及问题分析——以北京市属主流媒体为例》,《东南传播》2015年第9期。

与互联网的冲击，积极拓展新媒体领域。目前，在全国广电融媒体发展过程中，存在着各种转型发展的困境，既有顶层设计的宏观战略偏差，也有微观技术层面的不足，这些问题，都有待广电媒体人去解决。

一、融媒体新闻资讯内容特征

对于传统新闻领域来说，融媒体的推动是一针强力的催化剂，它不但可以优化资源配置，推动高效率的新闻生产，而且为新闻内容提供了更为多样的元素。

1.技术资源和话语形态双融合

媒介融合绝非单纯的技术命题，也不能仅仅理解为内容的全媒体传播途径问题。美国学者亨利·詹金斯(Henry Jenkins)认为媒介融合并非“纯技术性的”，不应仅理解为是使用一种媒介设备提供多种媒介功能的技术过程。相反，融合代表的是一种文化转型：消费者被鼓励去寻求新的信息并在弥散的媒介内容中制造出关联。[①] 技术融合改变了传统的传播路径和话语权分配方式，从而诱发了媒介文化的转型。由于技术的平民化，在以电视台、报社等传统内容生产者为主导的路径之外，出现了以“粉丝”文化为主要特征的、带有特定的亚文化审美特征和目标的新的传播样式。这就要求新的媒介内容一方面成为“粉丝”的聚合点——实质是将有相似生活样式的消费者聚合在特定内容的附近，另一方面也要求媒介内容给这些聚合在一起的“粉丝”以文化想象和参与的空间，从而形成各种文化景观，进一步加强他们对于特定媒介内容的认同感。

---

① Henry Jenkins, *Convergence Culture: Where Old and New Media Collide*, New York, 2006, p. 3.

电视观众的年轻化是一个明显的趋势,对于互联网来说更是如此。平台的搭建需要正能量的引导,还要对年轻人有正确的导向作用。因此在制作新时代的新闻产品时,如何用新媒体的语态来表述,达到既可以吸引年轻用户又可以完成自身品牌传播的效果,就成为一个值得思考的问题。江苏广电的荔枝新闻客户端提供了一个良好的借鉴。

例如在全国“两会”期间,荔枝新闻制作了传播度极广的“看两会”系列。该系列由90后编辑制作,他们在熟读了《政府工作报告》之后,广泛搜集年轻网民最关心的“两会”问题,并将这些网友的问题剪辑成完整的微视频作品,利用卡通图像、二次元符号等元素制作包装。在制作视频新闻之外,荔枝新闻记者还积极搜集可以在新媒体上传播的新闻点,广泛利用新媒体元素,制作H5、微动漫等作品。再例如荔枝新闻制作的全国“两会”委员专题系列,打破了传统的“高大全”式的人物介绍,引入了表情包等先行文化元素,文字介绍也不再死板,而是用网络化的、略带调侃的语气去写作,让观众看到了代表委员们和蔼可亲的形象。

融新闻趋势会越来越多地具有开放性、现场性、可视性与社交性。开放性是互联网最本质的特征,新闻领域也一样会引入各式各样的科技产品,增强与用户的交互。现场性的趋势更为明显,在各种直播大行其道的当下,用户会从不同的角度全方位感受新闻现场。例如,上海广电的看看新闻Knews在新闻节目中加入多视角多体验的交互方式,在节目中与网友互动,为用户提供更好的媒介体验,提升新闻传播的效果。可视化的表达也是为了增强用户的体验,它最早出现在数据新闻中,可视化新闻能够把枯燥的数字转化为亲切的动画,无疑能够博得更多的眼球。社交化则来源于互联网的第二个特点——分享,新闻的社交分享无疑打通了传播的渠道，实现了广泛传播的意义。

传统新闻的信息专有权已经失落，只有主动迎合互联网，才有可能制造出更好的新闻产品，实现更好的用户体验。

2. 从资讯播报转型为提供本地资讯服务

随着中国社会城镇化的全面提速，新型城市建设已成为中国社会进一步发展的重要基础和依托。随着城市建设的提速与转型，城市广播电视媒体在弘扬主流价值观、引领城市文明建设、秉持社会责任感、拓展公共服务等方面的功能比以往任何时候都更为重要。城市广播电视媒体能否适应城市建设的提速与转型，能否在提供公共服务方面优化升级，关系到城市广播电视媒体的长远发展。

地方广电行业更是面临着空前的生存压力。面对央视、省级卫视长期以来的强势竞争，面对新媒体带来的全新挑战，城市广播电视媒体能否迅速适应行业生态的变革，将新媒体的挑战变为机遇，关系到城市广播电视媒体的生死存亡。

追根溯源，在目前中国的传播生态中，城市台的竞争劣势就在于处在生态金字塔的最底层，地域上受制于一城一地的空间，资源有限、人才不足使其难以施展拳脚。如何将劣势转化为竞争中的比较优势，是未来城市台定位和发展需要解决的核心问题。

解决这个问题的根本，就在于如何进一步打造与本地社区的血脉连接。城市台要想真正实现本地化，在本地站稳脚跟、长足发展，就必须做大、做强、做好本地化的内容。要把本地本区域的东西做足做尽，做得让老百姓觉得离不开。在此基础上，要做好节目的服务，把服务做足，才能让老百姓觉得这个媒体是他们生活中的必需品，可以时刻相伴。

对于地方广电来说，打造“区域化门户”是实现地域化发展战略的重要途径。我国广电大多都带有自身强烈的地域特点,在提供本地新闻和服务信息之余,还可以提供交通、就业、购物、政务等多层次服务。"区域化门户"不但可以发挥地方广电在本地强大的新闻资源优势,更可以借助新媒体平台延伸传统广电媒体的影响力。

因此,在传播领域强化公共服务,不仅仅是做好传统服务类节目、民生类节目,更是城市台的核心定位和发展方向,这是广纳城市资源,打造新型公共服务传播体系的宗旨所在。城市台要与央视和省台形成错位竞争,必须强化城市台公共服务功能的优势,展现其敢于面对社会热点、难点的勇气以及善于引导和积极传播的智慧,打造多层次、立体化、全媒体的广电新型公共服务传播体系。

传统的电视新闻应利用新媒体优势,明确产品导向与用户导向,采用"服务聚合用户,新闻传播价值"的理念,颠覆传统的商业模式。而对于城市广电媒体来说,自身带有明显的优越性,可以通过局部创新,深度挖掘本地信息,化信息为服务,形成自身品牌,提高用户活跃度。

例如苏州广电着力打造了移动互联 APP"无线苏州",成都广电以其手机应用"看度"作为主要发展力量。一些省级卫视也开始专注区域性公共服务,比如湖北广电的"长江云"客户端依靠政府支持主打政务服务;江苏广电深度挖掘荔枝新闻平台,创立荔枝社区,调动线上与线下的互动,在荔枝社区内提供本地服务。以上产品均可作为各广电媒体的创新点,逐步打造有竞争力、有地方特色、有高黏度、综合性的"拳头"产品,内容上贴近当地生活服务,使之成为城市的"入口"和"窗口",成为城市的代言标志。

3.资讯类移动直播:打造融媒体时代新的媒介事件

人们对于"直播"概念的争议从未停止。对于"传统的"视频网站来说,面对可能是 2016 年移动互联网最大的风口,开始将直播作为内容拼图的标配。同时,伴随着一些传统广电人和新闻人向视频类网站涌入,广电人的新闻情怀和专业态度也被带入其中,他们以自己的方式,修正着对直播的定义:其中既有重大的新闻事件的网络直播,也包括日常生活的慢直播,还包括历史事件纪念日重回现场的直播。

传播学者戴恩(Dayan)和卡茨(Katz)将那些由媒介呈现出的重要场景称为"媒介事件",并将其分为"竞争""征服"与"加冕"三种故事脚本。而融媒体移动时代,"直播"可能正在用全新的方式打造新的媒介事件。

对于积极探索融媒体发展之路的广电媒体来说,直播可能是新的转型契机。广电媒体强大的视频直播经验和人才队伍保障是如今PGC时代进行直播的硬实力优势,也是面对不断迭代的视频新媒体技术,传统广电媒体一次最佳的"弯道超车"契机。直播不仅为受传统播出时间、空间制约的广电团队开辟了新的蓝海,同时也给线上线下的内容和营销整合、台网的多维度融合发展提供了一个极佳的接口。

目前从全国广电的总体格局来看,江苏、上海、湖南、浙江等都在进行各种尝试,力图找到符合自己发展的直播之路。江苏广电的荔枝新闻不久前刚刚上线了APP 4.0版本,主打直播牌;上海东方卫视在不久前也刚刚宣布成立融媒体中心,以看看新闻Knews的品牌推出融媒体直播新闻流;而湖南卫视也在2016年年初推出了"芒果直播"的APP,配合卫视和芒果TV的直播类娱乐节目模式形成传播矩阵,浙江中国蓝TV也在尝试引入20位主持人入驻"蓝魅"直播平台。

> 你要满足于直播的话,整个生产线就一直得保持在一定的热度上,好比烧水,你一个零度水一下烧一百度要花很长的时间,但是这壶水我平时一直烧在六七十度,我就能在很短的时间内烧到一百度,一百度就是我们的直播,就是真正

意义上的重大事件的直播。但是平时我必须得保证我们整个生产线在直播状态上。

——引自课题组对上海 SMG 管理层的访谈

在这些尝试中,各家卫视都试图充分发挥自身原有的资源优势,并使之在直播平台上进一步放大。以荔枝新闻为例,作为江苏广电旗下融媒体转型的旗舰产品,荔枝新闻以新闻为切口、以江苏广电总台丰富的内容资源为依托,进入直播市场。在有着贴近本地服务传统的江苏,荔枝新闻以自身资讯的定位,成为如今泛娱乐时代广电媒体中的一道独特风景。

2016 年 6 月 23 日下午,超强龙卷风、冰雹突袭盐城市阜宁县,造成重大灾害。荔枝新闻在灾害事故面前利用荔枝新媒体记者强大的机动性直播了当地救援人员齐心协力抢险救援的全过程。在 9 月 1 日,荔枝新闻全程直播江苏盐城阜宁灾区小学开学,再一次通过对开学仪式的直播,唤起人们对灾区重建和恢复正常生活秩序的关注。

2016 年 8 月以前,也许谁都无法想象,以“勤奋刻苦”“集体高于个人”等形象为观众所熟知的国家运动员,会成为“网红”界的一股“泥石流”,以迅雷不及掩耳之势成为当下最热门的 IP。新晋“网红”们不再“靠脸吃饭”,他们凭借自身在专业领域的实力与能力进入奥运代表团,又以个人魅力成为自带流量的 IP。“国家队运动员”这个符号所具备的“健康、活力、向上”的能量不再仅仅是官方媒体刊载的学习榜样,也成为直播平台中更加真实与鲜活的个体。

奥运赛事结束后,不少直播平台都试图延续奥运 IP 的影响力,荔枝新闻就推出网络直播《女排姑娘回来了:带你一起接奥运冠军回家》。9 月 6 日,又直播了林丹和女排队员们乘坐同班高铁亲临南京探访民工子弟学生的事件,传播了爱心和体育精神。这些直播的尝试,很好地与奥运主题结合起来,也为传统奥运赛事报道增添了全新的维度,通过对奥运选手公益活动的直播,将直播人气与社会公益进行连接,在更大的时间和空间尺度上传递了奥林匹克精神。

早在四年前,江苏广电就开始在内部打通资源,通过设置"全媒体记者"的方式,将传统广电端的新闻优势移植到荔枝新闻的客户端中,并充分利用技术的整合和倒逼进行融媒体改革,已经积累了丰富的经验。不同于"花椒""映客"等专业的全民直播 APP,荔枝新闻直播以荔枝记者的 PGC 内容为主,以独特的横屏视角切入,辅以图文直播、聊天、弹幕等互动,给用户更具时效性、现场感和多角度的信息和体验。

4. 新媒体语境下电视新闻节目的多级传播效果

新媒体平台介入之后,视听信息的整合和传播方式出现了非常重要的转型,由传统的按照时间进行线性编排的方式,向空间化编排的方式转变。传统意义上频道是非常重要的资源,这是因为传统电视节目按照线性编排,一天只有 24 小时,并且还有黄金时段、垃圾时段之分。在新媒体语境下,时间资源无限扩大,超文本链接形成空间结构,整合的时候,不再基于时间资源编排,而是基于空间编排,这对于信息整合、内容生产、内容提供方式提出了新的要求和挑战。[①]

一个文本+多个语境=多种效果

因此,基于不同的整合方式,会产生无限效果拓展的可能性。传统的线性方式是单向的,内容板块化,依照时序进行固化编排,如今在新媒体多屏时代,电视的收视方式由共享变成分享,由于多个传播主体介入,使得电视形成了多个传播路径,并且产生了多种传播效果。这种多级文本的介入,使得电视文本特色得到进一步增强,由于视觉

① 周勇:《新媒体语境下电视节目的多级传播效果》,2013 年电视高峰论坛。

影像信息的丰富性,使得人们对它的解读产生了各种可能。在传统渠道下,文本相对来说是被封闭在一个主流意识里,但是现在由于网络的介入,一级传播之后,会呈现更多二级、三级、多级传播,一个文本由于有了多种接触和讨论的可能性,便产生了多种多样的解释。其中,最大的变化是文本从语境中解放出来,独立化,通过碎片化传播后和新的语境进行结合和嫁接,提供了新的诠释可能。

例如,2012 年 8 月 26 日,陕西延安发生了一起特大交通事故,新华社和中央电视台都对这起重大车祸进行了报道。在报道内容中,新华社的一张图片被人们注意到:在车祸现场,一位当地政府官员在视察中面露微笑,这个场景被网友定格,并变成独立影像,网友和媒体开始对这位“微笑局长”的行为举止是否妥当进行讨论。继而,有网友通过搜索发现这位局长拥有大量国际知名奢饰品牌手表和奢侈品牌眼镜。由此,这一事件由单纯的新闻演化成为“微笑门”“名表门”,其人也被网友戏称为“微笑局长”“表哥”。2012 年 9 月 21 日,陕西省委研究决定:撤销涉事局长陕西省第十二届纪委委员、省安监局党组书记、局长职务;2013 年 8 月 30 日,西安市中级人民法院在 3 号法庭开庭审理该局长受贿、巨额财产来源不明一案,同年 9 月 5 日判处其有期徒刑 14 年。

二、融媒体新闻资讯传播主体特征

1.发动参与式新闻生产

互联网对传统电视新闻领域的最大冲击,就是改变了电视新闻长期的信息不对称问题。它打破了专业记者对这个领域的垄断,改变了记者负责生产、观众负责接收的状态,并且让新闻报道的主体转化为专业记者与全民共同参与。

图 2－7 央视“新闻 1＋1”报道画面

目前，以自媒体的方式进行新闻报道的普通民众在电视时代曾经是受众，现在他们作为新闻生产的主动参与者，在重大新闻事件中形成了一股新兴的传播力量。

在实际的新闻报道工作中，人力成本高、人手不够的问题是各个省级广电的症结。即使记者个体的工作效率再高，也无法保证各个平台的新闻质量。参与式新闻的出现，解放了新闻原创生产力。在新媒体时代，话语权不再由电视台掌控，公民记者可以通过多种形式，将自己的所见所闻所想，以图片、视频、文字、漫画甚至多媒体作品的形式发布，并通过互联网共享。传统广电媒体可以完善自身平台，在平台范围内通过发动参与式新闻记者完成新闻传播。当然，要达到“以我为主，为我所用”的情况，媒体还需要加强信息的审核，保证新闻价值与新闻质量的输出。

江苏广电的荔枝新闻积极推动参与式新闻记者生产新闻,在转化全台600名记者为荔枝新闻客户端供稿的基础上,激活"荔枝特约记者",包括各路新闻线人与其他平台的特约通讯员。荔枝新闻还创立激励机制,广泛发动普通网友转变为荔枝网友,建立"UGC+PGC"新闻机制,每月根据点击量与发稿量统计稿费,并建立起严格的审核机制,保证正能量作品的输出。

> 荔枝记者中包括600多个来自全台各个部门的记者,这里面其实不仅仅是记者,甚至还包括技术中心的人员。我们一开始是给他们送手机、话费,有一整套的激励政策。每个月排名按照点击量最高的新闻和每个记者发稿最多这样两种标准来排。每一个标准都会有一二三名,都会有3000、2000、1000这样的奖励。然后他们做得很好,对年度十佳各方面有很大的帮助。其次是"荔枝特约"通讯员,比如南京台或者无锡台,或者《无锡日报》的记者朋友们。他们不同于普通的网友,有专业经验,也能够更专业地获取信息。最后"荔枝网友"就是5000多名普通的网友,也会给我们供稿。
>
> ——据课题组对江苏广电高层的访谈

2. 受众需求:变革融媒体新闻资讯生产传播思维导向

网络的开放性将电视新闻的封闭性与单一性消解,颠覆了以往的生产、传播、消费方式。观众参与传播的方式也发生了改变,由被动的消费者或者接收者,变成了拥有主动选择权的用户。用户可以根据自己的喜好,用个性化的方式选择收看自己喜爱的内容。这不仅是对整个广电格局的挑战,更是一种对社会信息资源的重新整合。

所有的分析和考虑都指向一个目标，所有的产业都在解决一个核心问题，那就是满足受众的需求。其实对于新闻业来说，受众的需求无外乎两个方面，一个方面是内容，一个方面是接受内容的方式，也就是渠道。我们投入优质的力量去打造优质的原创内容，就是满足受众的内容需求。同样的，我们借助互联网渠道，打造互联网电视，打造手机客户端，是因为受众接受信息的方式丰富了，有更多的渠道，除了接触传统的报纸、电视、广播之外，很多时候他们都在接触手机这种终端，我们有什么方法满足他们对这种渠道变化的需求呢？所以说到底，我们的理解，是转型发展万变不离其宗，它始终是在满足受众的需求，所以转型发展，不仅是新闻业自身内在发展的必然，也是我们初心的持续优化和提升。

——据课题组对某省广电高层的访谈

以前我们跟日报之间是没有什么竞争的，他们玩他们的报纸，我们玩我们的电视，大家互不相干。但是现在不一样了，我们都在搞客户端，我们都在搞 APP，我们都在搞网络新闻。他们也在拍小视频，做短视频新闻，我们做电视的人做新媒体，我们也在做图文嘛，最后其实大家就同质化了。同质化以后，本来不是竞争的就变成竞争了。

——据课题组对某省广电高层的访谈

传统广电媒体已经告别了资源短缺的时代，其手中的资源与用户逐渐出现不对称的状态，即电视资源过剩但用户量不变甚至减少。这宣告电视产业正式进入了市场，因此，对于用户的争夺也会日益白热化。对于用户来说，他们已经从坐在电视机前面相模糊的观众，变成了个性分明的消费者。广电媒体应该收集用户的收视习惯、个人爱好，进行大数据分析，通过用户画像为移动客户端提供精准的内容输送。

互联网带来的变革，看起来是技术带来的变革，本质上是技术改变了用户的需求和习惯。新闻编排无论在前期收集还是在后期剪辑，都应从用户的品位与偏好出发，这就要求改变记者专业主义的单向思维，从用户的审美去观察整个新闻的质量，改变以往不“接地气”的“硬”新闻制作。

用户定制化是未来广电所有内容的趋势，新闻也不例外。腾讯、今日头条、网易等网站都已经采用算法为用户定制新闻排版，根据用户喜好进行新闻筛选。只有满足了用户的体验，才有可能实现更好的交互性。

三、融合的制度设计与难点

1.“一体化”融合设计，优化内容生产

“一体化”融合考量，是自上而下的融媒体改革设计。将融媒体的思维贯穿在体制、营销等各个方面，目的就是为了实现全面融合，降低生产成本，让台网融合更加彻底，特别是为新媒体发展消除壁垒，帮助其实现跨越发展。

现在很多地方做新媒体就会发现，新媒体虽然代表着未来的方向，但是目前传统媒体的阵地还是有很大的资源优势，往往两者还分开：就是做新媒体的人掌控不了传统媒体的平台和资源，做传统媒体的人掌握不了新媒体的平台，两

拨人马的心里还是有一些想法不同。

——据课题组对某省广电高层的访谈

首先就是必须一把手非常重视,并且愿意亲自抓这个事情。当时设计整体方案时都是台长牵头,几个部门都得坐下来商议。每个月新媒体部门会把月度报告给台长,分析哪些做得好,哪些做不得好,排行到底什么情况,每个部门完成的任务到底好不好。他就会批示,或者会打电话。你明白那个意思吗?然后就不一样了。只能是通过我们下面沟通和上面行政的手法相结合,才能把这个事做起来,是这样的一个情况。

——据课题组对某省广电高层的访谈

既然要"一体化"发展,就必须突破传统的行政特点和用人制度,从深层次上扫除资本壁垒构成的障碍。例如湖南成立了湖南广播影视集团公司,申请注销事业单位资格,实现全盘决策一体化,在资源和业务上建立共享机制。资本壁垒是深层次的障碍,要改变国企的传统运作,需要注入新的资本来冲破旧体制。湖南广电和上海广电是这方面的先行者,它们通过引资改制的方式进行运营升级。湖南广电建立了自己的生态系统,上海广电则重新划分事业群,规划新格局。

在上海,SMG电视新闻中心与看看新闻网全面一体化,融合组织架构,再造新闻生产流程,着力打造看看新闻 Knews 新闻客户端,让新闻采集一次性完成,但不同渠道不同平台多次再加工,形成多个新闻产品,改变了以往电视单屏幕的布局,在保证看看新闻 Knews 首发大新闻的基础上,保证多个平台全天候发稿。

2.补强交互性,融合传播流程

政策推动是融媒体改革的直接原因,自下而上的技术革命则给新闻生产力的提升带来了源源不断的新动力。融媒体的发展给电视新闻植入了新闻传播理念,加强台网互动、加强与用户的交互性就是其中的重要环节。如今,宽带、无线通讯、视频、H5 等多种技术之间的综合运用为实现用户与用户、用户与电视台之间的信息资源交互提供了基础,从此,一条新闻的结束不再是电视播出时的最后一帧画面,而是用户与媒体的最后一次互动。

目前,新媒体飞速发展,与电视呈现出此消彼长的态势。从市场上看,用户年轻化与新媒体客户端使用的常态化是新媒体发展的必然动力。对于传统电视媒体来说,来自视听网站的挑战已经不可忽视。

2013 年,广电总局出台了《关于促进主流媒体发展网络广播电视台的意见》,传统电视台在此政策的红利阶段应注重自己在互联网领域的内容生产与节目传播上的扩张,重新建构自身机制,以迎合融媒体的发展趋势。

电视新闻的信息渠道已经开始贬值,电视媒体的传播权利走向分散,而且电视新闻具有线性传播的天然不足,提升台网互动则有机会弥补这一缺点。传统广电媒体需要丰富"互动"与"反馈"的功能。目前,已经有不少传统广电媒体开启了电视新闻互动的实践尝试,例如在国内多个新闻节目中,都引入了"摇一摇""二维码"等互动形式,邀请用户参与新闻讨论,或者在本地新闻中就城市服务建设等信息点引入社区互动版块,或者建立微博讨论话题,加强台网互动的强度。

3.融媒体:融在流程设计与人

除了要面对商业网站在市场上的挑战之外,电视台的新闻制作同样存在内部的竞争压力。如上文所言,电视台各个频道甚至各个部门仍然像是大海上的孤岛,相互之间缺乏有机的串联。面对旧的生产关系,只有下定决心进行体制突破,才有可能在机制内部加速化学反应。

目前,电视台频道、部门间的联系往往依靠人员共同开会的方式落实,缺乏共同的利益诉求点与共享的管理通道,每个单一的主体都存在业务指标的考核标准,故容易陷入单打独斗的局面。因此,在发生新闻事件后,同一个电视台下属的传统新闻部门与新媒体部门很容易陷入沟通障碍。

> 新闻平台问题从目前来说,还没有达到真正的融合,以前所有的电视广播频道都是各做各的,一个火灾事情发生,有六台机器赶出去,晚上做六条片子,然后我现在把它碎片化,我挑一点放一条上去,都一样的,同质化非常严重。为什么这么严重呢?因为屁股指挥脑袋,因为每个频道是单一的主体,后面有经营广告的考核,它不得不自己做,最后是你做得差,我做得好,这样一种互相的竞争。接下来肯定是不行的。
>
> ——据课题组对某省广电高层的访谈

> 就我们台里的状况来说,新闻分割版块有点根深蒂固,我们有新闻中心,我们还有城市频道,而且互相之间其实有竞争性;同时还有广播,广播新闻却从来没有纳入版块,他们自己做得非常棒;然后再加上慢慢又形成一些新媒体新闻的版块。你要真的想从资源上开始共享,从架构上进行整合,落到实处非常重要。因为之前说到的不同的新闻版块是由不同的领导分管的,然后也有不同的总监或者是主任等等,内部整合并不简单。
>
> ——据课题组对某省广电管理层的访谈

目前在融媒体发展过程中集中存在的问题,就是如何通过新的机制设计,打通原有的以频道、栏目为中心的资源分配方式和利益格局。

在一些广电媒体，依靠一把手改革的决心和动力，通过一言九鼎式的指令辅以激励机制的设计，暂时解决了融合的问题。在日常运作流程中，在机制设计得到完善之前，往往依靠联络人作为沟通新媒体版块与传统采编部门之间的“媒介”。如：

> 在体制机制没有改变的情况下，我们这样子：每天我们派人到卫视新闻中心去，早间他们有一个通气会，我们介入他们的通气会。另外他们每天有第二天的选题方案报给我们，也就是说，我们随时掌握卫视即将要报的是什么新闻。然后根据卫视提供给我们的信息，我们做好一些事先准备，做到他们的新闻一出来以后，我们快发首发，第一是把他们的新闻快发首发，第二是加上我们新媒体的元素。所谓新媒体的元素，就是说它有视频资源，这个不是我们新媒体来做的，是卫视做的，我充分用好它。我们要做的工作是在视频基础上加料，要拓展延伸，丰富它，提升它。就是通过图片，通过文字，包括对卫视的视频重新进行加工处理，采取碎片化的办法，再加上一些视频所没有反映出来的新闻元素，通过图片的形式，然后去丰富、补充、延伸、提升它，形成一个融合新闻。
>
> ——据课题组对某省广电高层的访谈

即便是在这样的安排下，仍然存在着两种媒介属性和传播方式之间本质性的竞争，由于传统广电采编流程相对固定，时间成本比较高，而新媒体版块业务相对灵活，传播信息来源相对开放，时效性强，因此在针对两种不同技术属性的媒体终端进行融媒体的业务流程整合的过程中，就不可避免地会遭遇互相抢内容、抢收视的本位主义。

我们现在在做一个全台管理,就是把广电所有的后台打通,就是地市的频道和后台全部要对接起来,做到资源共享。媒体融合接下来要一次采集,集中加工,多端分发,但是这也涉及一些利益诉求。比如说电视频道,我这个新闻打算晚上6:30播的,下午3:00新媒体端抓走了,拿去网上刷屏,那我6:30做还有什么收视率?他们肯定不可能放这个上面的,或者6:25给你放到网上去,等你抓过来的时候,电视节目播了。如果这个利益格局不调整的话,新媒体肯定这样干的,我在频道做的话我也这样干。

——据课题组对某省广电高层的访谈

前两天我们新媒体编辑部的主任还跟我说,他说采访部来投诉,为什么我们记者发的稿子你们新媒体都不用,然后我们编辑部主任后来跟他说,不是不用,是有时候你们的速度达不到网络的速度要求,你们的稿子出来之前,我们的网络上已经有了,你们如果速度慢,我们只能用别家的,所以对他们来说,其实也是一个很好的促进。所以我也跟他们说,你知道你肯定会发这条新闻,你就跟我们的后方打一个招呼,跟他们说,记者今天肯定去,我能等你十分钟,但是我等不了你半个小时。所以我觉得如果说这个机制衔接得很顺的话,对于一个网站来说,你的原创量、你的有品质的新闻还是非常重要的。

——据课题组对某广电管理层的访谈

4. 止血人才流失,以制度设计升级人才配置

由于新媒体领域具备一定的收入优势,所以传统媒体机构的中间层——有丰富的传统媒体从业经验的工作人员和管理层——有向新

媒体流动的迹象。这导致传统媒体需要不断培养新人从事内容生产，而新人一旦掌握了一定的技能、具备了一定知名度、拥有了一定的社会资源，则可能选择流动到更具吸引力的新媒体行业。人员流动本身是业界正常现象，本无需太过担忧，但目前出现的离职现象却隐含了一种对于传统媒体的放弃感。这种对于未来的焦虑和对于眼前利益的趋近，未来会不会造成崩塌式的人员离职潮，这值得持续观察。

任何形式的转型升级都是为了进一步解放原创内容的生产力。面对扩张的市场，对于媒体融合来说，人的融合是至关重要的。人才的融合，要从传统媒体转向新兴媒体，这需要多方面的新型人才，例如数据分析型、互联网运营型、技术型等。

> 对我们传统媒体来说，我们的困境在哪里？我们现在很难再从市场上去招更好的人力。换句话说，现在外界其他的一些平台的诱惑力更大，那么我们就要认真考虑，现有体制内这些优秀的资源怎么来分拨的问题。舍不舍得把最好的人员从传统的电视生产当中拿出来投入到新媒体当中，这是我们要做的最大的选择。
>
> ——据课题组对某省广电高层的访谈

> 三个有关“人”的问题的关键：一个是人才，一个是人心，一个是人手。
>
> ——据课题组对某省广电高层的访谈

传统广电需要全新的人才激励机制去分配资源。以上海广电为例，上海文广放弃了以往的“一体两翼”战略，为实现“一体化”运作模式，合并了旗下的百视通和东方明珠两个上市公司，重新整合资本，完成了大平台的架设，成立了上海文广传媒集团，打破了组织架构，依照平台、服务内容、渠道重新划分组织设计，植入互联网、团队制作等基因，进行上市公司化管理。看看新闻 Knews 应运而生后，在组织机制上灵活多变，不但要求记者以个人为单位建设“两微一端”，更把新闻事件化为“四个节点”，要求每个节点都必须发稿。而且，看看新闻 Knews 将奖励机制明确量化，将创意、技术等转化为个人股权、期权作为激励机制，这样就提升了内容生产力，实现了优胜劣汰的原则。

融媒体发展需要全新的新闻采编人员，面对全新的业务要求，新的人才选拔制度应坚持优胜劣汰，所有岗位都面临着人事调整。以国际媒体为例，BBC 改组后，新媒体部门在转型中对每个人员岗位进行了分析，裁撤了一些重复的岗位，新媒体部门原有 1800 人，裁员 350 人，调整 450 人。

第三章　泛娱乐化与逆生长：广电融媒体综艺娱乐内容传播

我们的基因是青春，核心是创新，"不创新，毋宁死"，"不负青春，不负卿"，在这里有一种文化崇拜叫"青春崇拜"。

——据某省广电高层的公开演讲

综艺娱乐节目是在目前传统广电内容生产中逐渐占据主流的节目类型，随着综艺娱乐内容的市场化和商业化程度越来越高，可以预见，其发展势头将进一步走高。特别是在一些新兴媒体渠道中，综艺娱乐节目是备受用户特别是年轻用户关注的一种节目类型，因此在融合转型发展中，综艺娱乐传播能力的重要性一定程度上就凸显了出来。

事实上，目前广电媒体在融合转型发展的过程中，确实将综艺娱乐传播能力当作转型升级过程中的一个重要抓手。各端口和渠道的用户争夺日益激烈，综艺娱乐内容是一种很好的武器。目前，各大平台融媒体端口都依托于自身在综艺娱乐内容打造方面的传统优势进行布局。特别是一些强势平台在资金和人力等方面不断加大投入。可以看到，在融媒体发展的战略与原则之下，综艺娱乐内容传播方式、本体、内容生产方式等都在发生着一系列的变化和革新。

而与此同时,由于综艺娱乐类节目制作市场化程度高,因此是传统广电媒体与市场因素结合得最紧密的部分,无论与市场化的制作公司,还是与演艺经纪公司、商业网站开展的台网版权和内容互动合作,都是检验各广电融媒体发展综合实力的指标。

第一节　渠道泛在与路径耦合:融媒体转型中综艺娱乐内容传播方式变革

在媒体融合发展的大背景下,综艺娱乐内容的传播方式产生了根本性变革,融合成为其中最重要的一个关键词。目前,广电媒体在综艺娱乐内容生产上有着较为明显的先发优势,与此同时,由于各类新兴媒体和渠道不断兴起,以综艺娱乐内容为武器进行的各种用户争夺战也在不断上演之中,综艺娱乐内容的传播方式正在发生悄然变化。

目前各大广电机构在融媒体发展的过程中,都会依托于自身的特色和优势在综艺娱乐内容上进行布局,策略各有不同,在融媒体环境下产生了许多新的传播方式。

一、传播渠道泛在化,融媒体传播成新常态

在媒介形态发生巨大变化的当下,传播渠道的泛在化是显性的趋势。除传统的渠道外,一些新兴的媒体渠道开始占据人们的媒介消费和使用时间,渠道泛在化必然带来人们使用媒介方式的变化,内容创作的类型和方式也发生了改变。

1.综艺娱乐内容的传播渠道正在变得丰富和泛在化

如今,综艺娱乐内容早已经突破了传统电视媒体单一的传播渠

道，各类视频传输平台、移动端口、社交媒体平台等都是综艺娱乐内容传播的渠道所在。多渠道、多终端覆盖和布局是如今综艺娱乐内容传播的一种普遍选择，形成多渠道、立体化的传播矩阵，有利于内容更广泛、更有效地传播。

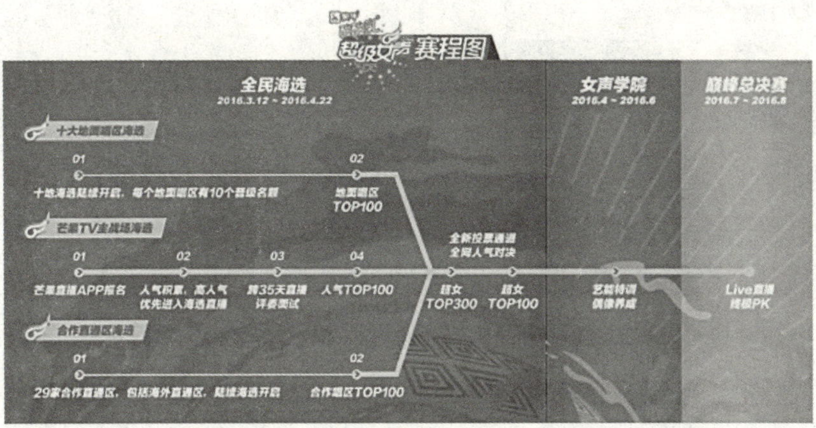

图 3－1　2016 年《超级女声》赛程图

芒果 TV 在发展之初便采取独播战略，将湖南卫视所有的综艺节目独家输入到芒果 TV 中，迅速聚集粉丝用户。自此，湖南卫视的综艺内容通过芒果 TV 在芒果生态布局下的各端口，包括视频影音客户端、APP、互联网电视、直播平台等渠道进行独家传播。芒果 TV 的自制布局也于 2015 年开始发力，“马栏山智造”的所有团队都可以成为芒果 TV 内容生产的主体，实际上使芒果 TV 的内容生产力得到进一步的释放，找到了更多元的传播渠道和通路。独播和自制战略依托于芒果 TV 自身强大的内容生产能力，一定程度上具有不可复制性。

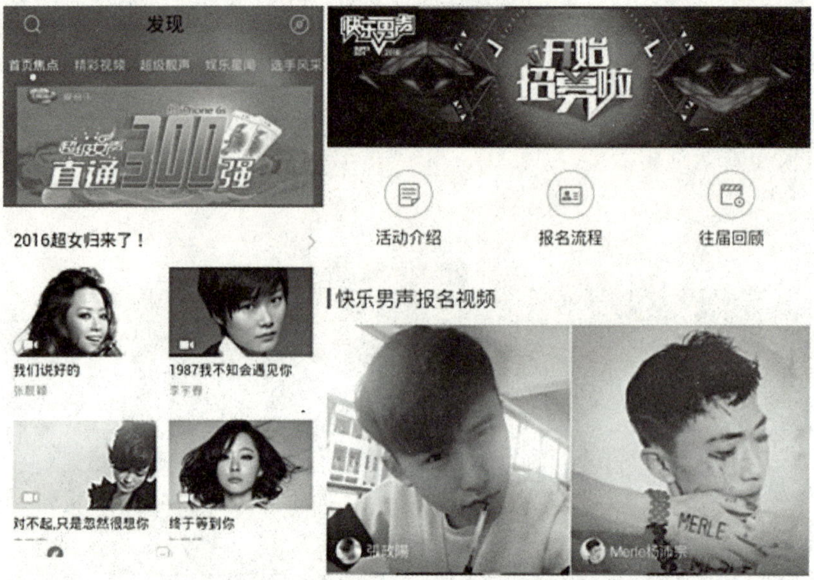

图 3-2　芒果 TV 对 2016 年《超级女声》和 2017 年《快乐男声》都采取了纯网传播战略

2016 年初,在湖南卫视“点亮 2016 跨年演唱会”上,2005 年“超女”三甲李宇春、周笔畅、张靓颖跨越 10 年首次同台,随后启动了 2016 年《超级女声》,并落户芒果 TV。伴随 2016 年“超女”大选全程报名互动的还有一款直播互动 APP“芒果直播”。芒果直播 APP 也成为了省级卫视第一次移动直播应用的尝试,用户不仅可以在线直播、点播节目内容,更可以通过该产品的更多功能,直接参与到节目环节中来。此后,芒果直播 APP 除了承担《超级女声》的所有报名、直播、互动功能外,还成为了芒果 TV 所有直播项目的互动平台,也会对芒果 TV 更多的自制综艺、海外版权节目等进行现场直播互动,此外还有大量芒果系和娱乐圈知名艺人、主播入驻该平台。

> 湖南卫视在目前中国所有电视台中,是最具有粉丝召集力的,是最具有瞬间爆发力的,它能够因为一档节目瞬间集

扰起几亿人的关注,我们就利用这样一种思维方式,通过芒果独播这样一种战略,使湖南卫视的内容只能在芒果TV这个平台上播出,由以前的"天女散花",变成别的地方都没得播,立即就有很多眼球集中到芒果TV平台上来了。

——据课题组对湖南广电高层的访谈

在上海广电的内部布局中,综艺娱乐内容同样占据着主体。如在百视通各端口中,综艺娱乐内容的占比非常大,目前在版权采购上的费用已经达到了15亿元以上,其中在娱乐内容方面,电影、电视剧、体育、动漫、综艺占据了主要比例。百视通的综艺内容绝大部分来自东方卫视中心生产的自制综艺,而互联网中心生产的网络综艺也将向百视通各端口输出内容。在综艺运营方面,百视通采取项目化运营的方式,进行专区策划、全平台推广编排,根据数据进行策略调整,并且进行衍生内容的策划。

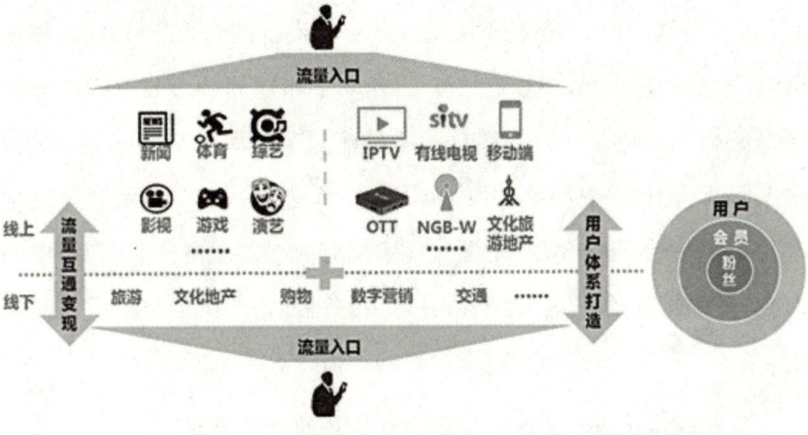

图3-3　上海东方明珠新媒体基于统一用户管理平台,围绕用户打造多屏互动、线上线下贯通的"娱乐+"增值服务体系,构建流量变现商业模式(资料来源:上海东方明珠新媒体股份有限公司官网)

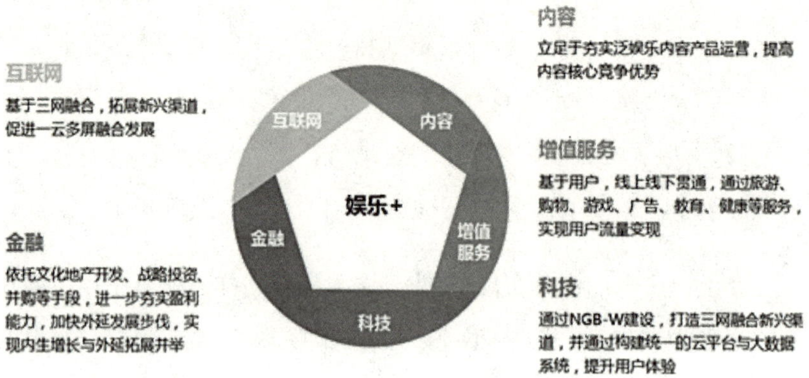

图 3-4 “娱乐”是以 IP 为核心的泛娱乐业务,“+”是指现有多元业务的融合及新型业务的拓展(资料来源:上海东方明珠新媒体股份有限公司官网)

近两年在综艺娱乐内容上不断发力的浙江卫视也将 2015 年上线的中国蓝 TV 定位于综艺娱乐内容平台,浙江卫视的自有版权综艺内容在中国蓝 TV 上都可以进行点播收看,同时,包括浙江广电地面频道在内的一些综艺娱乐内容也在这一平台上进行传播。此外,中国蓝 TV 也有自制的内容,包括围绕卫视大综艺进行的周边节目开发,例如围绕《奔跑吧,兄弟》,中国蓝 TV 共开发了四档周边节目,《跑男 everything》《奔跑吧,衣橱》等都有不错的流量表现。2016 年第三季度,中国蓝 TV 围绕《中国新歌声》做了五档周边节目。中国蓝 TV 也会进行自制“网综”的开发。中国蓝 TV 拥有自己的编导团队,视频中心有 50 多位员工,编辑和导演各占一半,其直播平台上的“蓝魅”直播让浙江广电的主持人参与到时下最热的直播中。

2. 融媒体传播成为综艺娱乐内容传播的核心策略

除了自有融媒体平台上的多终端和多渠道传播,传统广电综艺娱乐内容的传播平台越来越开放和宽泛。在综艺大时代,要想取得理想的传播效果,从传播渠道到营销方式的融媒体化是一种普遍选择。例如一些大型综艺节目,如今都会选择在电视端和视频网站上联动播出,在微博、微信等社交媒体上制造话题,进行营销炒作。

事实上从目前来看,因其传播方式和受众群体本身的贴合性,综艺娱乐内容在媒体融合过程中是最容易发生勾连和反应的部分。因此可以看到,在媒体融合过程中,综艺娱乐内容确实成为内容融合发展的排头兵。综艺娱乐内容的融合首先体现在渠道上的打通。随着IP 概念的逐渐确立,IP 内容的多渠道传播实际上是资源有效利用和传播效果最大化的一种必然选择,特别是对于拥有强大内容生产力的平台来说更是如此。多渠道和全媒体时代实际上是内容价值和生产力多元释放的一个好时机,也因为有内容生产力作后盾,其媒体融合发展便有了基础和动力,结合得好的话,二者实际上能够实现相辅相成的发展。

笔者自身在凤凰卫视的工作经历,也可以对这样的融媒体传播发展历史脉络予以验证。早在 2005 年前后,凤凰卫视的栏目就已经开始考虑网络传播的问题。由于凤凰卫视与凤凰网天然的纽带关系,当时所有凤凰卫视中文台的栏目都被平移到了凤凰网的凤凰宽频内容版块中,中国内地的网友可以通过付费订阅的方式收看。除此以外,凤凰网的博客部门还为各栏目开办栏目组官方博客,在当时尚未有微博等社交媒体的情形下,博客成为了栏目组与节目观众互动的主要方式。栏目组也会将每期节目的文字稿稍加整理后发送到博客上,凤凰网会选择性地进行版面推荐,一些节目文稿内容还会经授权被转载到其他平面媒体。这些如今看来简单至极的合作方式,在当时却是最新鲜的台网互动尝试。

时至今日,事实上许多卫视节目的台网之间还停留在这种简单的互动层面,无非是将博客变成了微博、微信或客户端的专区,但栏目组并未获得机制性的支持。一些电视台将融媒体传播在机构层面的战略决策和设计问题狭隘地理解为某个栏目内部的战术问题,造成的结果常常是栏目组有心无力、有力无术,在蛋糕大小没有变化的情形下,招募来一些临时性的人员,通过简单的微信、微博推送,便认为实现了融媒体传播。

因此,融媒体传播需要解决机构内部的流程设计、动力机制和激励反馈问题。对于传统的栏目组来说,如若融媒体传播深入到了节目内容制作流程层面,就意味着节目组必须打破原有的运行多年的体制惯性,重新以产品经理的思维方式取代节目生产的流程,打开原本闭合的传播链条,引入新的人力资源、渠道资源、技术资源等,实现视听内容不同渠道、不同主体、不同形式的多级传播。这就牵涉到内部动力机制的耦合问题。如何让栏目组愿意?如何让栏目组能做得到?如何让栏目组尝到融媒体传播的正向反馈?

> 台网在融媒体传播中合作的内部动力,肯定大家不是谈感情。新媒体拿到内容资源,这些都是有费用的,一样是按照市场行为,会有版权费用进行内部核算。对于栏目组来讲最大的考虑,也是要博收视率。从他们慢慢和新媒体合作的这种效果来看,他们会体会到有了新媒体的一些东西以后,对他们实际上是能够形成反哺的,对他们的收视率是有帮助的。
>
> 为什么这么说呢?我们的很多内容,比如我们假设是《快乐大本营》这一类,我们会做探班。比如说像李易峰那期,前期可能是提前一个月或者半个月就录预告。这种预告我在新媒体平台上放出去的是现场录制,或者粉丝对他的迎接,所有这些绝密类、揭秘类后台花絮的传

播,是远胜于原来在电视台只播一个预告宣传片的,我可以引发所有粉丝的期待一个月,让我慢慢告诉你是几月几号哪一期会播。所以说新媒体这块的传播能力,应该远胜于原来台里面唯一平台的宣传。节目组也在中间尝到了很多益处和甜头,所以双方的合作机制就会更加紧密。节目播完以后,我们还会推出点播服务。电视台是一个线性播出流程,新媒体还会根据单期节目的亮点做很多衍生策划类的东西。在朋友圈我不会传播《快乐大本营》整个一期的内容,我可能是传播比如线上的一个段子,一个 30 秒的东西,可能登上了今日头条,甚至腾讯、爱奇艺也要用我这个短片,那么这个短片可能就是今日的热点,所以像这种传播对一个节目的影响力是倍增的。

——据课题组对湖南广电管理层的访谈

二、与商业视频网站的内容竞合

无论渠道如何变化,内容为王的原则并没有发生变化,传统广电转型发展的立足点和竞争点永远都是内容生产力本身,锻造强大的内容生产能力,并借此实现转型,是不少传统广电实现融媒体发展的策略之一。芒果 TV 与 SMG 的媒体融合发展之所以能够取得一定的进展,与其对内容生产力的建设和培养、对优质 IP 的培养和孵化有着密切的关系,内容是其与商业化视频网站竞合的基础。

IP(知识产权、版权)是文化创意产业的核心,在一些国家,文化产业又被称为版权产业。视听网络时代的 IP 强调粉丝经济和跨平台的传播力。在中国,IP 概念的热潮说明在如今视听网络传播时代渠道资源丰富的环境下,优质的内容十分稀缺,各大平台、视频网站开始囤积、培育版权资源。对于广电媒体来说，如何利用好自己的内容 IP 就成为融媒体传播的关键问题。

> 卫视的内容生产能力很强。现在说实话爱奇艺也好、腾讯也好，它们缺的是内容，它们可以花大价钱来买你的内容。而卫视内容生产是 OK 的，可能就需要集团层面做一个战略的规划。
>
> ——据课题组对某省广电高层的访谈

> 对于卫视来说，内容为王的原则是不能丢的，要不然商业视频网站根本不太理你，现在视频网站实力越来越强大，自己办综艺，自己做电视剧，自己拍电影，它有自己的能力，为什么还要来跟你合作。
>
> ——据课题组对某省广电高层的访谈

在融媒体发展过程中，综艺内容的传播如何解决好"对外"关系，与商业视频网站之间到底是竞争关系还是合作共融的关系，其实都是传统广电在发展过程中面临的现实问题。商业性的新兴媒体平台近年来发展势头迅猛，尤其是以爱奇艺、腾讯视频、优酷土豆、搜狐视频、乐视等为代表的商业视频网站，在强大的资本和技术支撑下，已在用户积累和商业模式的探索上取得了飞速发展，事实上，它们已经与传统广电形成了全方位的竞争。

首先，对用户的争夺是一个明显趋势，尤其是在年轻用户的累积上，网络平台在当下已经显现出较为明显的竞争优势。传统电视的老龄化问题受到了关注，40 岁以上的观众成为收看电视的主流人群。年轻、高端人群更加青睐网络视频，视频行业在高学历、高收入、年轻人群体当中的渗透率正不断上升。年轻用户转向网络已经让各大广电机构感受到了危机,它们纷纷开始调整战略以期抢夺更多的年轻用户。

其次,市场的争夺也随之而来。由于目前无论传统的广电媒体,还是新兴的视频网站,广告都是内容变现最直接、最基本的模式。视频网站的崛起在客户资源上对传统媒体形成了争夺和分流的态势,特别是近些年,由于我国经济发展整体放缓,在广告大盘整体不变甚至走低的情况下,新媒体对于广告市场的抢夺愈发明显,这一点也是传统广电目前面临的挑战和危机之一。

再次,在当下,视频网站凭借着更市场化和更灵活的用人机制,以及广阔的发展前景,吸引了大批传统媒体人投奔加盟,一场从广电机构管理者到制作者向互联网迁徙的运动已经出现。人才的流失,使传统广电媒体的内容生产优势正在消失,一些传统广电机构的人才空心化问题日益严重。人永远是发展的核心和动力所在,因此人才抢夺在当下表现得异常活跃。

由此可以看到,传统广电媒体事实上与视频网站存在着某种意义上的多维度竞争关系。但是也应该看到,在竞争之外,传统广电与以视频网站为代表的新兴媒体之间也存在着紧密的合作关系和广阔的合作空间。

一方面,台网互动的方式和模式在如今变得越来越丰富和多样化,从以往由电视台到互联网的单向输出模式,转变为立体化的交互式传播和互动。新老媒体的融合不再是简单的传播渠道上的一种补充,而是相辅相成式的共同发展。当然,这其中也夹杂着相互之间的博弈,但无论如何,对于传统广电媒体来说,秉持一定程度上的开放性,与新媒体进行积极的嫁接和沟通在当下还是很有必要的,当然前提是做好以我为主的定位和准备,否则将在这种融合过程中迷失自我,失去主动权。

另一方面,传统广电媒体在这样的交互和互动中也获得了更多的传播资源以及融媒体发展的经验。与商业化视频网站相比,在新兴媒体渠道的建设上,传统广电并不占据优势,而实现转型发展,对新的传播规律和渠道有所了解和认识,是必要条件,与商业视频平台的竞争与合作一定程度上能够帮助传统广电实现这一目标。

三、传播路径、营销模式急剧变化

融媒体发展时代,综艺娱乐内容变得更加丰富和泛化,然而要想实现大规模的现象级传播也不再是一件容易的事情,万人空巷的观看盛况已经很难再发生,最核心的问题是人们的注意力变得越来越分散,内容传播的路径和通路被分割得越来越细,营销模式也在急剧变化之中。

以往包括电视综艺内容在内的所有电视节目的传输路径基本上是单一的,通过电视节目的编排策略让更多人观看到节目是电视传输的思路所在。而如今,传统意义上的电视机端口仅仅变成了内容接受的渠道之一,在客厅,IPTV、互联网电视等新兴媒体已经实现了点播、回看等功能,使节目的传输方式发生了颠覆式的变化,而在PC端和移动端,各类商业视频网站、广电网络电视台、视频影音应用程序都足以让用户的选择无限多元。

全平台、多终端布局往往是广电媒体在转型过程中采取的一种策略,但仅仅如此,并不能实现效率和效益的最大化,因为毕竟不同端口有着不同的传播特性,有针对性地进行内容策划和制作才能够真正达到传播的最大价值。

不少平台会根据不同的端口做出不同的内容选择和编排,例如芒果TV的自制PGC里就包含了很多卫视频道无法或者不方便播出的内容,如因政策原因无法上星的《妈妈是超人》《爸爸去哪儿》《超级女声》等节目都出现在了芒果自制的名单里,一方面延续了芒果内容的老品牌,另一方面也让节目在新的互联网环境中焕发出新生。而中国蓝 TV 和百视通各端口平台上针对品牌综艺节目所做的衍生节目的开发也是基于互联网特性打造的,并且紧紧围绕自身的优质品牌展开。

> 电视台节目的时长是有限制的,可能做了一个节目,有大量的内容或者素材,精简再精简,最后可能只放 90 分钟,大量的内容被我们舍弃掉了。而网络是没有时长限制的,是可以拿这些素材重新创造价值的。另外,新媒体部门会有自己的创意,一开始就会加入栏目组进去,我们会按照网络新媒体的需求去提自己的想法,他们节目组也有节目组的想法,双方联动是非常紧密的,现在配合也是越来越好。栏目组的思维也在转变。我们都会根据新媒体的一些特殊性,去反哺台里面的内容,这其实是双方合作共赢的。
>
> ——据课题组对某省广电高层的访谈

对于新媒体平台来说,综艺内容的运营和营销是至关重要的,因为在海量用户中如何让用户发现并主动找到自己想要的内容,是所有内容传播者都需要考虑的问题。运营,是芒果 TV“五轮驱动”战略中的重要一环,其针对不同的端口会做不同匹配的运营。芒果 TV 编辑部下设总编室,进行统筹整合运营,而各专业化频道则独立运营。百视通各端口的内容会做不同的处理和编排,针对各自的平台属性和受众人群来做分门别类的产品设计,最终达到内容的多终端分发。中国蓝 TV 针对浙江卫视优质综艺内容如“跑男”“新歌声”等进行的一系列衍生节目内容开发,实际上也是综艺内容在融媒体时代运营的一种模式,一方面是对优质内容本身的一种传播策略,另一方面也是新兴媒体生存发展的一种策略。

各类新兴媒体的涌现对于电视综艺内容的传播和营销模式产生了深刻的影响。微博、微信等社交媒体端口上的营销已经远远超过了传统媒体端口上的营销,实现了“无孔不入”的传播效果,这种营销反过来对内容生产本身又产生了影响。前两年颇为流行的“摇电视”互动模式,开创出 T2O 的发展模式,这实际上是新兴媒体渠道对内容创作产生的质变性影响。

第二节 “不负青春不负卿”:融媒体转型中综艺娱乐内容本体变革

伴随着视听媒介技术和市场生态的变化,综艺娱乐本体从内容到形态,每一代、每一阶段都在发生着变化。而在融媒体发展时代,这种内容本体的变革从频率到广度、从内而外都变得越来越深刻和激烈。

首先是受众的变化。以往的电视观众呈现出明显的家庭收视特征,而随着媒介环境的变化和人们媒介使用习惯的变化,传统电视的老龄化趋势明显,“得大妈者得天下”的口号已经喊了几年,但人们逐渐发现,“大妈”不再是社会消费的主体,这为传统媒体敲响了警钟。一些传统广电平台甚至出现了高收视低收入的现象,即收视率看上去非常抢眼,但是却得不到市场和广告商的认可。

为了挽回流失的受众,首先,年轻化、网络化成为综艺娱乐内容发展的一个重要趋势,无论是《爸爸去哪儿》还是《奔跑吧兄弟》,都将年轻人群作为目标受众。其次,在内容、形态的选择和搭建上,更具传播度和话题性的节目将受到更多欢迎,因为其在题材和话题的设置、嘉宾的选择上等都更具灵活性。再次,从融合互动的模式来看,台网互动的特征明显，从看电视到用电视成为融媒体时代综艺娱乐内容本体变革的一种必然。

一、年轻化、网络化成为明显趋势

根据 CSM 的数据显示，在 2016 年的观众结构特征分析中，25—54 岁的观众占到了总体观众的 51.5%，是整个电视收视市场的中坚力量，其中 45—54 岁的观众占比最高，达到 21.5%。从观众集中度来看，45 岁及以上的观众收视倾向性更强。考察不同年龄段观众的收视时长历年变化，可以看到 35—54 岁的中年观众电视消费时长逐年下降。作为电视市场收视主力军的 55 岁及以上观众群体，收看时间较往年稳中有升，65 岁及以上观众的收看时间也有所增长。此外，年轻观众的收视时间有所回升，这或与传统电视媒体积极转型升级，用“TV＋”拥抱“互联网＋”有所关联，[①]也与近年来卫视综艺类栏目的年

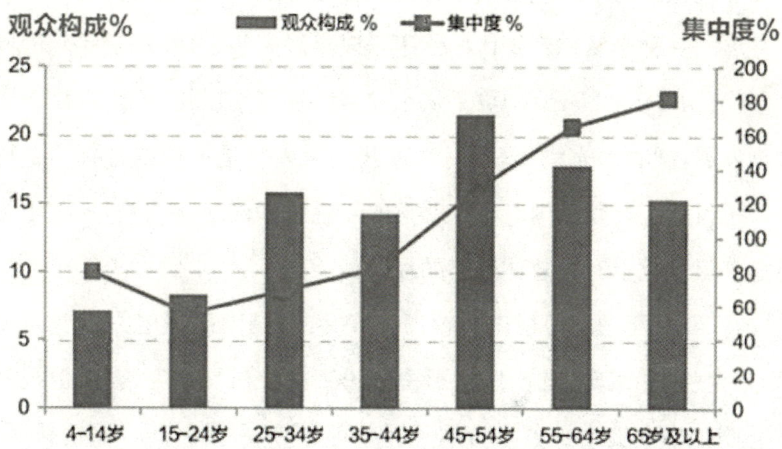

图 3－5　2016 年电视观众构成及集中度（数据来源：CSM 媒介研究）

① 《电视收视数据传递积极信号，广电融合转型发展共赢》，http://media.people.com.cn/n1/2016/0823/c40606－28659180.html。

轻化取向密切相关。

纵观近几年的综艺大片，基本上都以年轻受众为目标，无论是《爸爸去哪儿》《中国好声音》还是《奔跑吧兄弟》等，无一例外，年轻受众是主要目标群体。在如今的传播环境下，要想取得所谓现象级传播效果，要做的就是拉拢年轻受众，因为他们是各类媒介渠道的使用者，是舆论中心的掌控者。

根据央视索福瑞 48 城收视数据显示，现象级节目《爸爸去哪儿》成功俘获大批年轻观众，在年龄层分布上，35 岁以下的观众占总体观众的六成左右。性别占比中，该栏目更受女性欢迎，占比达到惊人的 62.1%。类似地，《奔跑吧兄弟》主要收视人群年龄集中在 15－44 岁的区间，其中以 25－34 岁的年轻人群最多，占总体比例的 26.2%，而 35 岁以下的观众同样占总体观众的六成左右。《奔跑吧兄弟》第一季使浙江卫视年轻(80 后—00 后)观众比例上涨了 98%。

年轻化成为了综艺娱乐内容的一种普遍选择，这也是实现媒体融合发展的一种必然。新媒体的使用者以年轻人为主，特别是年轻的网生一代(Internet Natives)更是从小在网络环境下成长，传统媒体想要转型发展，就必须笼络年轻一代，综艺娱乐内容是最佳的选择。这也造就了目前综艺娱乐内容日趋明显的年轻化和网络化趋势，一些卫视更是将年轻化上升为总体战略的目标。

在 2016 年湖南卫视广告招商推广会上，湖南广播电视台党委委员、副台长、总编辑、湖南广播影视集团有限公司总经理、湖南卫视频道总监张华立提出："芒果台的基因是青春，核心是创新，'不创新，毋宁死'，'不负青春，不负卿'，在湖南卫视，有一种'文化崇拜'叫'青春崇拜'。"这样的青春宣言振聋发聩。而调查数据也显示，湖南卫视至今仍是"中国最年轻的省级卫视"，晚间观众平均年龄为 33 岁。

东方卫视也在频道定位上坚持“大台气象,都市气质,年轻气息”,聚焦于都市群体和年轻受众。东方卫视的内部调研报告显示,2015 年 1—11 月,与上年同期相比,年轻观众明显增多,老年观众则显著减少。在 4—14 岁、25—34 岁、35—44 岁三个偏年轻的年龄段,收视率都有明显上涨,以 4—14 岁人群涨幅最高,达 30%;45 岁及以上人群收视均有下降,其中 65 岁及以上观众收视下降最多,达 26%。这说明,以 80 后为代表的“年轻人”渐渐成为东方卫视的核心收视人群。

浙江卫视近两年来的迅速崛起,与其在综艺内容上的投入和制作有着紧密的关系,而年轻化的选择正是助力其综艺内容迅速引爆收视率的重要原因。从《中国好声音》到《奔跑吧兄弟》,浙江卫视在开放平台的理念下,推出了一系列综艺大片,其中就有不少备受观众欢迎,这些节目都有一个共同的特征,那就是年轻化。

2015 年 4 月,安徽卫视启动“上星 18 年来最大改版”策略,推出二十多档新综艺。《男生女生向前冲》《超级演说家》及《遇见男神》等节目在内容与形式上均瞄准了年轻观众。其中,《星动亚洲》与韩国 MBC 联合打造,中韩两国实时联动制作播出。据媒体报道,节目以造星模式“为安徽卫视平台属性的年轻化作出了积极贡献”。

> 我觉得年轻化是潮流,也是我们需要追寻的。但是怎么样去达到年轻化,需要有两方面的考虑,一方面是正能量的东西要去充实,要能够遵循总局的规划和倡导,另一方面是用年轻化的手段和形式创造一些新的节目样态。
>
> ——据课题组对某省广电高层的访谈

年轻化意味着全媒体传播的可能性,也意味着更强和更活跃的消费力,因此无论从影响力还是市场回报来看,年轻化都是一种必胜的选择。年轻化的理念已经渗透到许多平台之中,从一线平台到二三线平台,都开始将视角定位在年轻化上,如一向以文化节目制胜的山东卫视也提出了"悠久文明、青春中国"的全新频道定位和口号。年轻化、网络化趋势将在融媒体时代里继续延续,然而如何实现年轻化,怎样在年轻化的过程中实现更多正能量的表达,实现社会价值与经济价值的双丰收,也是传统广电在这一过程中需要考虑的重点问题。

与此同时,必须清醒地认识到,即便各大卫视已经开始主打青春牌,但与网络视听媒体的总体受众定位比较而言,还是不可同日而语。目前,如雨后春笋般涌现的网络自制综艺节目的整体创作思维早已与电视综艺节目拉开距离,从受众的年龄梯度来看,网络综艺的收视人群要比广电综艺的年轻不少,一些业内人士甚至认为网络综艺"受众比电视受众年轻 20 岁"。①

二、类型、题材注重话题性和多元传播的可能性

诚如上文所分析的那样,在融媒体发展时代,媒介渠道泛化,内容传播的模式和营销的模式发生了根本性的变革,进而对内容本体也产生了影响。

最典型的就是在类型和题材的选择上开始更加注重话题性和多元传播的可能性。其一,与社会热点和社会心理进行深度契合是综艺娱乐内容策划时的初衷和逻辑起点,无论是定位于观照父亲角色在现代家庭中回归的《爸爸去哪儿》,还是为普通人营造造梦空间的《中国好声音》,以及在现代压力社会中让人们放松和解压的《奔跑吧兄弟》,社会性是所有这些"爆款"节目的基础。

---

① 《网络综艺从小而美转入高大上,受众比电视年轻 20 岁》,http://news.xinhuanet.com/zgjx/2015-10/01/c_134677136.htm。

其二,明星真人秀受到追捧,实际上这与当下融媒体的传播环境不无关系,在传统媒体和新兴媒体融合发展的背景下,自带光环的明星类真人秀自然会吸引更多的目光。事实上,真人秀节目本身因其规则性和人物性,是非常能产生话题的一种节目类型,而明星的参与则加入了窥私的社会视角和心理,因此对观众来说更多了一重吸引力,更何况,明星自身带有的社会话题性让节目天然具备了融媒体传播的多样性和可能性。

在韩国,就有专门的数据公司从事电视内容的话题排行,如调查公司 Gooddate Cooperation 就会定期发布"韩国综艺节目话题性排行榜",旨在对韩国综艺节目的在线话题性进行分析。在国内,也有专门的机构推出社交媒体话题阅读量和讨论量的排名。如《爸爸去哪儿》的话题阅读量已经超过 300 亿,《奔跑吧兄弟》的话题阅读量已经超过 280 亿,《我是歌手》的话题阅读量已经超过 250 亿。话题阅读量、讨论量成为判断社交媒体热度的一个普遍尺度。与此同时,也出现了针对这两项数据的造假产业链,不少栏目社交媒体的表现与收视表现、业界观感与评价存在较大差距。

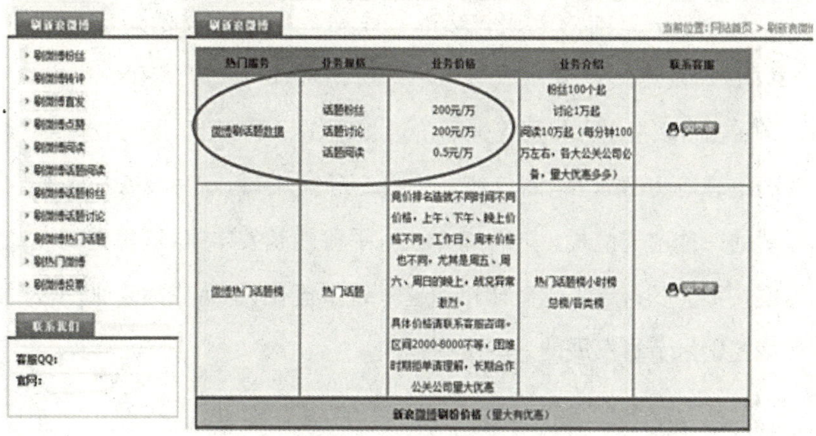

图 3－6　社交媒体讨论量、话题量造假的灰色经济产业链

三、台网互动特征明显

所谓媒体融合发展与转型升级，必然要经历一个长期的你中有我、我中有你的过程，不是谁取代谁的问题，而是互相补充和借势的关系。各种类型的台网互动和联动就成为这一阶段的一个重要特征，由于综艺娱乐内容本身的市场化和商业化程度非常高，因而具备更多台网互动的可能性。

从内容制作层面上讲，题材和内容有了更多台网互动的方式和可能性，如一些社会实验性质的节目以及带有多样化互动属性的节目开始成为当下国际国内的一种流行趋势。

比如腾讯视频出品、东方卫视播出的《我们十五个》开创了全年直播的先河。《我们十五个》是荷兰节目《乌托邦》的中国版本，原版节目出自著名制作人、Talpa公司总裁约翰·德莫尔之手。《我们十五个》由腾讯视频制作，全年365天每天24小时拍摄，动用了120台360度全高清摄像机、60个麦克风以及全球最先进的内容管理系统。东方卫视是《我们十五个》第一季的唯一电视播出平台。

T2O模式是前两年比较热的一个概念，从《女神的新衣》开始，T2O模式被运用到多档节目当中。所谓T2O是指"TV to Online"（从电视到网络），是电视广告和价值变现的一种模式，通过摇一摇或者摇电视等方式，以电商等线上端口为导流入口，这种模式成为台网互动的一种主流模式。随着媒介技术手段的越发丰富，这种台网互动的模式将会变得越来越多样化和越来越主流化，也将成为未来一段时间综艺娱乐节目发展的一种重要趋向。

第三节　开放性制播分离:融媒体转型中综艺娱乐内容生产方式变革

在融媒体时代,全新的媒介生态和媒介技术带来了全新的生产传播方式,因此综艺娱乐内容的生产、传播也随之发生着深刻的变革。新媒体渠道资源、技术资源为内容生产带来了创新和变革的可能性,与各类技术进行嫁接融合成为节目创新的一种重要方式,传统的电视内容生产团队也开始转型,向新媒体和融媒体方向发展。在融媒体时代,随着资金、技术、人才的不断流动,开放性成为一种必然的趋势,对于综艺娱乐内容的生产来说,制播分离在当下是一种必要的选择。

一、新媒体渠道和技术元素为内容生产带来创新和变革

电视是一种创意产业,伴随着时代环境和媒介环境的发展而常变常新。但客观上讲,电视的传播方式和规律其实并不是千变万化的,人们可用来创新的工具在一定程度上是比较固定的,而新的媒介渠道的发展和技术的演进则为电视内容的创新带来了新的可能性。

当今正处于这样的一个变革时期,各类新的媒体渠道和技术为视频内容的创新带来新的想象空间,例如当下正火热的直播手段,2016年有数档节目都打出了“直播+综艺”的口号,在内容形态、传播与营销方式上带来新的颠覆。芒果 TV 已经建立了自己的直播平台芒果直播,2016 年第三季度的电视综艺节目《夏日甜心》便将直播这种方式引入节目内容,与节目综艺主播选拔的主题相结合,成为直播在综艺节目中的一种探索。芒果 TV 的《超级女声》和《完美假期》也都将直

播贯穿于节目始终,成为节目线上、线下互动的一种手段,也填补了电视创作因为政策限制等原因而产生的遗憾。2016年诸如《中国新歌声》等节目也在录制过程中采用了直播的方式,在节目之外与粉丝形成互动,补充了节目营销的方式和手段。

互动已经成为当下电视节目创新探索的一种主流,随着多屏化收视的开启,人们正襟危坐在电视机前看电视的日子已经一去不复返,电视的伴随属性和社交属性越来越明显,因此互动就成为留住观众或者说实现融合发展的一种主流模式。如T2O模式的嫁接,是电视价值延伸的一种方式,微信开通摇电视功能,使电视内容有了对外嫁接的出口。广电机构也建设了自己的社交电视平台,如呼啦、哇啦等,但它们中的很多都效果一般,与通用的社交工具相比有一定的距离,因此有人曾质疑广电台网互动会将自己的观众引流到别的平台上,为他人作嫁衣。但无论如何,融合的大势已经展开,它已成为电视节目创新的主要潮流,也是融合电视综艺内容创作的主要特征所在。

二、内容生产团队向新媒体转型

无论渠道和技术如何变化,内容是永恒的基础和核心,而从事内容生产的人才,则是动力所在。广电在融媒体转型发展的过程中,人才是最根本的,也是优势所在,但也是最难融合的部分,如果缺乏好的机制,他们流失到新兴媒体便是一种必然。

事实上,目前广电内部的一些内容生产团队已经开始了向新媒体或者融媒体方向的转型。例如“马栏山智造”从卫视到地面频道拥有大批优秀的制作团队,它们中的很多甚至在社会上进行市场化发展,补充着全国电视的生产力。如今,芒果TV启动“从独播到独特”的战略,自制内容开始成为芒果TV综艺内容的重要组成部分,而这背后就利用了“马栏山智造”的强大力量。

上海 SMG 的综艺内容生产力基本都集中在东方卫视中心,东方卫视中心采取独立制作人团队,为卫视和部分地面频道提供内容。但我们也看到,近期东方卫视中心的独立制作人团队也开始转型,新筹备成立的上海东方娱乐传媒集团有限公司实际上是东方卫视中心团队整体转型和对外合作的一个通道,目前已经有团队开始与腾讯、爱奇艺等平台合作,生产制作网络综艺节目。《放开我北鼻》就是一档由东方娱乐公司为腾讯视频定制的纯网综艺节目,由《花样姐姐》制片人李文妤担纲制作人。东方卫视和腾讯视频两大平台的深度合作也许可以反映出另一个信号,那就是网综与制作人的合作也可能是与其身后的电视台合作的风向标。SMG 成立的互联网节目中心也是生产网络综艺节目的一个主体,为内部平台生产网综的同时,也积极展开与外部的合作。

浙江卫视旗下的蓝巨星公司也承担了对外合作的功能,其中动画片《正义门》以及《绿茵继承者》《燃烧吧少年》等节目都是蓝巨星旗下的作品。目前浙江卫视的团队也开始对外合作制作网综,与腾讯视频合作的《拜托了衣橱》就是一个很好的例子。

三、开放性的制播分离成大势所趋

在媒体融合时代,开放是连接一切的根本,从目前广电综艺内容生产的趋势来看,开放性无疑成为一种典型的特征,而制播分离已经开始从试探层面向大面积蔓延。

综艺娱乐内容是市场化和商业化程度较高的一种节目类型,成为继电视剧之外,电视内容制播分离制作的一个主流类别。综艺娱乐节目在当下具有大投入、大制作的特点,因此借助社会化的力量进行内容生产就成了风险和收益共担的一种绝佳方式。

可以看到,目前一些大的平台在综艺内容的生产上都在实行制播分离策略,满足着各平台对于综艺内容不断增长的需求。浙江卫视和江苏卫视是目前较为开放的两个平台,也是综艺内容较多的两个平台,大量的内容通过对外合作的方式实现,周间和周末的一些大型综艺节目背后有着社会化公司的参与。《中国好声音》是新一轮综艺节目制播分离的开启者也是最典型的代表作品。

> 浙江卫视对新媒体的策略可以概括为三句话:第一,全方位地开放平台;第二,借船出海;第三,利益分享。这样的三句话基本上概括了我们卫视新媒体融合的思路。
>
> ——据课题组对浙江广电高层的访谈

东方卫视也开始了对外合作的道路,依托于东方卫视中心自身强大的制作团队,进行基于自身制作实力的对外合作。东方卫视目前所有对外合作的节目基本上都由东方卫视中心自己的团队承担制作。湖南卫视一向拥有较强的综艺娱乐内容制作实力,因此对外合作较少,但目前对外制播分离的合作也已经展开,《旋风孝子》成为其第一档对外制播分离合作的项目,后续类似的项目还将相继上档。

事实上,综艺内容领域的制播分离改革已经成为一种不可逆转的趋势,在融媒体发展的背景下,无论是对内还是对外,开放性都是坚实的基础,唯有开放才有可能进行融合和互动,开放性也是互联网的一大基本特性,在融合发展的时代,这种开放性已经渗透到了内容生产领域的各个方面。

四、融媒体综艺娱乐传播案例分析

1.《中国好声音》:网台博弈的破局者与定价者

作为中国内地几乎唯一现象级的欧美模式的电视真人秀节目,《中国好声音》开启了中国电视荧幕的真人秀时代。作为一档歌唱类真人秀节目,在模式引进之初并不为人所看好。第一季节目录制前,原本谈妥的主冠名商海飞丝突然变卦,取消冠名资助,迫使灿星制作不得不另寻他主,这才成全了"正宗好凉茶,正宗好声音"的经典冠名。而《中国好声音》的节目名称也是被迫之选,因为原本选定并向总局申报的名称节目"中国之声"和央广广播电台的节目"中国之声"冲突而被否决,浙江卫视总监夏陈安急中生智提议将这档节目命名为"中国好声音",后来成就了"中国好"系列的 IP。

因此,最初这档真人秀栏目并未被高看。在第一季播出前,制作方灿星制作专程派人来北京,尝试性地联系各大视频网站,商讨网络传播和版权分销的可能。在当时的网络视频产业的大环境下,手握版权模式和内容来找网站谈合作的人络绎不绝。而正在风头的视频网站由于手握强势渠道,往往在和内容生产者的博弈中占得绝对优势。所谓合作,也多半是以"免费推广"之名,获取内容方的网络播出版权许可而已,至多支付象征性的费用,占得不少技术红利。

因此,当灿星制作的版权代表和各家商业视频网站探索合作时,得到的回应也都是如此。所以,灿星采取将网络版权分销的策略,应是持有对自身内容的高度自信,也看准了网络收视对未来第二季、第三季乃至灿星作为一家新兴的节目制作公司的品牌价值和中长期商业回报的正面作用。在诸多主客观因素的作用之下,2012 年《中国好声音》第一季只卖了百万元级别的网络版权费用,当初采用的是版权分销,几乎是将视频资源无偿提供给所有的网络平台。

栏目播出后,节目内容在网络平台上的传播效果极佳,节目的视频精华也在社交媒体上引发了爆炸性的讨论,成为了第一个现象级的电视真人秀,并且开创了现象级电视综艺栏目的标准:(1)全国网平均收视率过1%;(2)有吸引不同代际、不同阶层人群收看的能力;(3)有在非黄金时段改变观众收视行为和生活形态的能力;(4)有较高的社会影响力和话题关注度;(5)电视节目的综合收入要有10亿;(6)行业标杆和国内的模式引领,能在电视业界形成示范和跟风效应。

现象级的内容爆发,也彻底改变了内容制作方与网络平台的博弈关系,灿星制作随即决定《中国好声音》第二季采取网络独播的方式。一时间,多家商业网站纷纷垂涎,主动派人去上海与灿星商讨第二季节目的网络版权购买事宜。此时的灿星也面临一个前所未有的挑战,即如何为台网版权交易进行定价。在此之前,中国视频网站与卫视播出的栏目从未有过真正意义上的网络版权购买,也就意味着,《中国好声音》第二季网络版权的定价无据可循。

在双方的多轮商谈之后,搜狐视频抛出了一个石破天惊的价格,斥资一亿拿下了"好声音"的独家网络版权,而搜狐视频仅仅用三个月的时间就收回了成本。在网络版权的广告招商中,广告主纷至沓来,第一个订单是百雀羚3000万元的广告投放,在第二季开播前,赞助金额已经达到1.3亿。通过网络版权的广告招商,《中国好声音》第二季给搜狐视频带来的广告收入达到2亿元左右。这一数据意味着搜狐视频成为行业内首家依靠一档综艺节目实现盈利的企业。最终,搜狐视频靠"好声音"净赚1个亿,如果计算"好声音"对搜狐视频品牌价值的提升等,那间接的商业回报更难以估量。

由于"好声音"节目本体的内容未能完全满足广告商的兴趣,所以搜狐视频借势推出了“好声音概念”的周边栏目，并打造了网络专区，推出了《K 歌之王》《英雄谱》《娱乐播报》《成长教室》《冲刺好声音》等多档周边栏目，邀请部分好声音学员参加这些早期“网综”的制作，并且尝试在栏目中扶植搜狐自己签约的主持人，如于莎莎等。尽管这些周边节目的制作水准一般，但因为搭载了“好声音”的风口，也都取得了不错的网络收视反响，形成了搜狐系“好声音”的矩阵式传播。搜狐视频豪赌《中国好声音》的另一个目的在于进一步提高市场份额，给未来的独立上市铺路。

图 3－7　中国好声音第二季在搜狐视频的专区

搜狐视频的成功开创了新的商业可能性，到了第三季、第四季，“好声音”的网络版权更加炙手可热，资金实力更加雄厚的网络媒体争相竞逐，最终分别被腾讯视频以 2 亿元与 2.5 亿元的价格买下了独家版权。2013 年，《中国好声音》第三季在腾讯视频创下 20 亿的播放量；到了 2014 年，《中国好声音》第三季在腾讯视频创下 42 亿的播放量。

2014 年末，腾讯视频更是以再次破纪录的 3.5 亿元人民币买断《中国好声音》第四季网络独播权。腾讯视频还整合微博、微信等全媒体资源，开发了包括《寻找好声音》《微视好声音》《重返好声音》《有料好声音》《剧透好声音》和《重返巅峰》在内的共 6 档衍生节目，创造了 9.6 亿的播放量。与此同时，腾讯视频还推出了微信摇一摇电视竞猜活动等互动产品，在提升用户体验的基础上，最大限度地激发了用户主动传播的意愿。

浙江卫视自身的网络平台中国蓝 TV 于 2015 年 7 月 2 日正式亮相，而《中国好声音》第四季于半个月后的 7 月 17 日开播。中国蓝 TV 平台的 PC 端和移动端的加速服务提供商、北京快网科技有限公司 CloudCDN 云平台数据显示，开播首日通过中国蓝 TV 平台点播视频的流量峰值迅速突破 260G 大关，在《中国好声音》第四季播出的近三个月中，累计千万人次进行了点播观看，尤其是"鸟巢之夜"那一场，更是突破了 300G 单日流量峰值。但浙江卫视并不拥有《中国好声音》的独家网络版权，从平台的传播力和承载量上也无法与搜狐视频、腾讯视频这样的商业类网站相比较，因此中国蓝 TV 并不愿意也不太可能复制湖南广电芒果 TV 的独播模式，也无法奢望《中国好声音》分享的播出版权能给中国蓝 TV 带来决定性的、持久的流量和黏性。

2. 从"韩流"到"合流"：综艺娱乐节目的跨国协作式生产

中国国家主席习近平于 2014 年 7 月 3 日—7 月 4 日前往韩国进行国事访问，中国"第一夫人"彭丽媛随行陪同。这次访问是习近平主席上任后第一次出访朝鲜半岛，新华社将这次访问描述为"邻居加朋友的战略互信旅程"。

此次访问吸引了全世界媒体的目光。习近平主席在韩国国立首尔大学演讲时提到了当时在中国热播的韩剧，他说道："《来自星星的你》等韩剧在中国引起了年轻人的浓厚兴趣，只有精彩的青春才能留下精彩回忆。”中国“第一夫人”彭丽媛在习近平参加中韩首脑会谈时，单独寻访了位于首尔市中心的韩国古代宫殿—昌德宫，开始展开“软外交”活动。韩国青瓦台政务首席秘书官赵允旋陪同彭丽媛参观。参观活动最大的亮点在于，当彭丽媛接受韩国媒体访问时，她说：“我和女儿一起看习主席年轻时的照片，觉得很像《来自星星的你》的主人公都敏俊。”

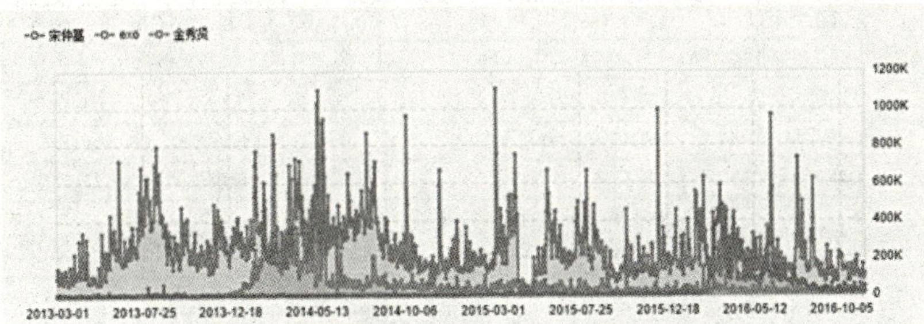

图 3－8　“韩流”在中国社交媒体上引发“此起彼伏”的讨论

近年来，虽然在中国提及“韩流”二字的人似乎变少了，但这并不意味着“韩流”在中国已经开始式微。在中国的社交媒体上，我们依然可以看到韩国的文化产品及其制造出来的明星，在时间轴上掀起一波又一波的社交媒体热潮。而上文提到的习近平主席访韩过程当中的趣闻，更是彰显出中韩两国间的文化交流对官方正式外交的巨大促进作用。

中韩两国的文化交往始于 1992 年。1992 年 8 月 24 日，中国与韩国正式建立邦交关系，中韩两国开始重视并加强彼此间的经贸文化往来。而就在当年 1 月 18 日至 2 月 21 日，邓小平视察武昌、深圳、珠海、上海等地并发表南方谈话，为中国继续确认改革开放的道路、走上有中国特色的社会主义市场经济发展道路奠定了思想基础。在内外

播出平台	节目名称	播出时间	平均收视率（CSM50）	冠名方	冠名费
湖南卫视	爸爸去哪儿第3季	7月10日~10月30日	2.279	伊利集团	5亿元
	我是歌手第3季	1月2日~3月27日	2.723	立白集团	3亿元
	快乐大本营	每周六晚	2.195	Vivo智能手机	3.5亿元
	天天向上	每周五晚	—	特步	2.5亿元
	一年级大学季	2015年10月31日~2016年1月16日	1.238	水密码	2亿元
	奇妙的朋友	1月24日~3月28日	1.690	唯品会	未公布
	真正男子汉	5月1日~7月18日	1.032	别克昂科威	未公布
	花儿与少年第2季	4月25日~7月4日	1.251	蒙牛真果粒	未公布
	偶像来了	8月1日~10月24日	2.049	Oppo	4亿元
浙江卫视	中国好声音第4季	7月17日~10月16日	4.462	加多宝	未公布
	奔跑吧兄弟第2季	4月17日~7月3日	4.756	伊利集团	2.16亿元
	奔跑吧兄弟第3季	2015年10月30日~2016年1月15日	4.274	美丽说Higo	3.38亿元
	挑战者联盟	9月12日~12月5日	2.120	百事可乐	未公布
	爸爸回来了第2季	5月9日~7月25日	1.430	好彩头集团	1.38亿元
	12道锋味第2季	8月1日~10月24日	1.000	蒙牛乳业	未公布
	一路上有你	1月10日~3月28日	1.230	丸美	未公布
	我看你有戏	2月6日~5月2日	1.441	Vivo智能手机	未公布
江苏卫视	最强大脑第2季	1月2日~3月27日	2.032	伊利集团	2.5亿元
	非诚勿扰	每周六晚	2.120	韩束	5亿元
	蒙面歌王	7月19日~9月27日	1.070	一叶子新鲜面膜	1.5亿元
	真心英雄	7月24日~10月23日	1.067	水性科天	2亿元
	为她而战	4月12日~年7月5日	—	一叶子新鲜面膜	1亿元
	我们相爱吧	4月19日~7月17日	1.053	丸美	未公布

图3－9　在2015年，12个过亿冠名费的综艺娱乐节目中有6个是韩国模式

因素的作用下，首部韩国电视剧《嫉妒》于1993年在中国播出，从此，“韩流”靠影视剧和流行音乐打开了娱乐匮乏的中国市场，弥补了走向开放的中国文化消费市场的空缺。

2010 年以后,随着中国视听产业的发展,中韩间的综艺娱乐产业的合作进入了更加密切的阶段,从合作“造星”席卷中韩乃至亚洲流行音乐市场,到幕后更加密切的合作,尤其是在中国进入综艺娱乐真人秀大片时代以来,中韩之间的文化产业合作进入了跨国协作式生产的新阶段。根据《中国广播电影电视发展报告》统计,2015 年全年,全国电视广告收入 1490 亿元,在综艺节目时段的广告收入中,省级卫视广告同比增长 11%。巨大的市场空间,也让中韩两国的内容制作机构有了更多的合作空间。

从市场反响看,韩版的真人秀节目模式在中国收获了非常良好的市场反应。中国版“跑男”是 2016 年当之无愧的综艺冠名费之王,两季节目,三次冠名招标总冠名费高达 7.43 亿元人民币。在 2015 年,12 个过亿冠名费的综艺娱乐节目中有 6 个是韩国模式,这还不包括其他节目中的“韩流”因素。

在这样的背景下,中国电视屏幕上的韩国模式已经超越了简单的版权购买,而走向了“你中有我,我中有你”的深度“合流”阶段。版权购买带动了双方的制作合作,在生产环节就高度嵌入,进行合作式生产。这样的跨国电视生产、传播的协作所达到的广度和深度都是前所未有的。

制播分离是基础。在这一阶段的跨国协作式生产中,市场化的电视节目制作公司是协作的主体。只有中国的电视娱乐节目产业当中市场化要素日益活跃,专业的市场化节目制作公司成为生产协作的先锋队,才能使双方的合作超越传统的中韩两国电视台之间的合作,从而进入更加密切、细致、深入的多元性市场要素之间的合作阶段。

视听新媒体是平台。伴随着中国视听新媒体产业的蓬勃发展,除了传统电视台以外,商业类的视听网站成为了中韩两国协作式生产的综艺娱乐节目的重要播出平台。一些视频网站在早期版权大战阶段就将目光瞄向了韩国综艺节目，大量采购原版韩国综艺节目，再加上字幕组的翻译后在视频网站上播出。之后，这些视频网站也纷纷斥巨资采购各省级卫视播出的韩版综艺节目，并通过与电视台的台网互动和多元营销的方式，取得了非常好的网络收视效果。一些视频网站甚至开始尝试直接购买韩式版权，通过自制的方式，进行生产和播出。

如《拜托了冰箱》就是由腾讯视频独家版权引自韩国 JTBC 电视台、由腾讯视频出品的一档明星美食脱口秀节目，节目由何炅与韩国 GOT7 组合成员王嘉尔一起担任主持。腾讯视频还联合韩国 YG 公司、韩国 SBS 电视台在 2016 年 6 月推出联合打造的音乐真人秀《作战吧偶像》。芒果 TV 也推出了由其和金禾影视联合制作的《明星大侦探》，节目模式源自韩国 JTBC 电视台的《犯罪现场》。

有趣的是，中国市场中，在《中国好声音》之后，就再无大获成功的西方节目模式，而韩国模式却取得了压倒性的成功，这样的情形应该不是偶然。综合看来，有以下几个因素：

（1）经济水平－社会发展的一致性。总体而言，中韩社会经济发展水平处于大致相似的历史阶段，两国国民尤其是城市中产阶级的欣赏趣味也处于相近的阶段，这为韩国模式在中国的本土化提供了天然的社会土壤。

（2）中韩文化取向的一致性。韩国文化受到中国传统儒家文化的浸染，两国的文化内核、取向都有很大的相似性。与不少欧美真人秀节目强调冲突、竞争性关系不一样，韩国模式更多地强调向善、家庭、兄弟姐妹情谊等儒家文化特质，陌生感中的相似性，使得其在本土化过程中不会遭遇强烈的文化震惊与隔阂，这也对其在中国的落地生根起到了关键作用。

(3)自然人文景观的互补性。韩国国土面积相对狭小，为电视节目可提供的自然和人文景观有限。但同样的模式进入中国以后就引来了广阔的拓展天地，中国辽阔的地理面积和多样的区域文化，都会为同样的模式带来不同的内涵，极大地丰富了原有的节目模式内容。

在中韩电视节目的协作式生产中，也对两国电视节目内容的制作团队提出了全新的挑战。一般来说，欧美版权入华以后，原版权所有者会对制作模式提出一些建议和意见，但并不会如韩版的版权购买这样高度密切地嵌入到整个生产和制作的流程当中，更不会派出大批次的制作团队直接参与生产。而在中韩两国协作式生产当中，中韩双方制作团队的人员比例会达到 1∶1 之高。双方在工作场合密切配合、相互协作；在工作时间之外，双方人员也会用各种非正式的方式进行沟通和交流，熟悉彼此的工作方式，以更好地促进工作进展。

第四章　价值增益与品牌锻造:广电融媒体营销传播

> 大企业、大机构在营销层面最明显的问题是什么?在我看来,就是各自的“山头主义”。说到底,下面的壁垒越来越多,这既体现在新媒体和传统媒体上,也体现在内容和经营团队上,所以这个“融合”二字是非常重要的事情。
>
> ——据课题组对某省广电高层的访谈

产品营销是媒体实现生产变现、推动企业品牌传播的主要途径。在融媒体时代,传媒行业内部的各个组成要素与外部各个生产要素耦合协同,使传媒行业各个部分间的关系变得更加紧密,成为一个整体。然而由于广电媒体发展的不均衡性,从历史变革、成长环境、人员配置等各个方面看,目前国内地方媒体对于媒体融合的大环境所做出的反应不尽相同。融媒体营销对于整个传媒行业来说还处于草创阶段,各家媒体通过不断的突破、融合,谋求新的发展。由于国内目前的媒体环境十分复杂,不同媒体之间的情况千差万别,所以本书主要从融媒体营销的变现途径、特征和营销推广两大方面,来介绍融媒体营销传播的现状。

第一节　融媒体营销变现的主要途径

营利是媒体产品营销的终极目的，寻求良性的变现模式，是传统广电在融媒体发展中孜孜以求的方向。笔者通过走访调查各大地方媒体发现，目前融媒体行业除了保持着传统的营利方式外，还开辟了新的营利渠道，并在不断向新领域转移。以下是根据采访总结出的五大主要营利途径。

一、广告：从硬广投放，到“一揽子”整合营销

作为媒体最主要的营利方式，广告依然在融媒体营销收入中占有最大比重。但相比传统广电媒体，融媒体在广告招商中呈现出了很多不一样的面貌。目前，融媒体的广告招商多数尚处于培育期，在硬广告的投放中，客户更愿意将融媒体当作打包投放的渠道之一，因此，整合台网等不同渠道寻求与客户合作，是融媒体广告招商中的重要策略选择。

但是，草创期的融媒体相比传统广电媒体，其平台热度、影响力、用户忠诚度都处于养成阶段，单纯的硬广告投放对客户诱惑力并不强。不过，融媒体拥有渠道多元、直达用户等传统媒体不及的优势，从这个角度来说，融媒体可以在精准把脉客户需求的基础上，提供更多的“一揽子”整合营销方案。

在机构内部的机制设计方面，融媒体营销也对内部指标分配和绩效考核的利益分配提出了新的课题。融媒体营销对于打通传统媒体广告部门和融媒体广告部门具有天然的要求，但从目前全国各地的实

践来看,广告部门通常是分立而设,这对处于初创阶段、尚在成长的新媒体部门提出了艰巨的挑战。特别是当市场遭遇马太效应时,这样的内部竞合关系会更加凸显。

> 指标分配到每个部门头上,全国的广电都是这样的,都是按部门考核。广播部门就会希望最好的广告都投到广播来,影院部门就会希望最好的广告都投到影院来,它们肯定不希望把钱分出去,包括新媒体也是这样。如果知道客户有100万的预算,各部门肯定希望都投给自己,因为分出去就不算我的,这是一个很现实的问题。所以当客户说"我一定要做这个全媒体的推广,我必须要做影院,我必须要做电视,我必须要有网络",那这个时候大家就可以联合起来了。
>
> ——据课题组对某省广电高层的访谈

另外,随着广告市场需求和供给关系的变化,广告主对于广告的渠道、形式组合有着越来越高的要求。在广电媒体强势的时候,单纯的硬广告就可以满足多数广告主的需求了。而在如今,软硬广告的结合、线上线下的互补、多屏之间的互动几乎已经成为几乎所有广告主的刚性需求了,这也就对广电广告部门的跨平台协作、线上线下的执行力提出了更高的要求。

> 实际上各种各样的渠道,怎样来排列组合,或者说怎样根据客户需求突出最优的组合,是很重要的事情。有些客户喜欢地面活动胜过硬广告,有些客户喜欢整合营销胜过硬广告。现在总体来说,客户对硬广告的喜好度在不断下降。很多客户,在初期进入的时候,他要先打硬广告,提高品牌知名度,打到一定程度以后,靠整合营销来提高美誉度,最后通过

> 地面活动来直接做一些营销策略,所以判断客户处于哪个阶段也是很重要的。
>
> ——据课题组对某省广电高层的访谈

> 从客户的角度来说,现在单纯性的网络投放对他们意义已经不大了,因为加多宝也好,vivo也好,每年的广告投放还是比较大,但是它们都认为,单纯的硬广告投放对它们来说已经没有意义了,它们要的也是深度地软性植入。你如果只给它们播一个15秒的广告片,对它们来说就觉得没有什么效果。单纯的广告投放其实意义不是太大,刚开始打知名度的时候需要,但是当大家都知道了它的品牌的时候,可能就需要一些落地的(活动),这样才能够深入宣传。
>
> ——据课题组对某省广电高层的访谈

整合营销不仅应实现线上资源的统筹协同,更应该发挥融媒体的独特优势,实现线上线下资源打通,让品牌“贴地飞行”。如江苏网络电视台在精准把脉客户诉求的基础上,打通线上资源的各个环节,创造性地为客户定制了很多整合营销方案,包括“内容生产+品牌宣传+硬广告+线上游戏+线下活动”,通过精雕细琢的服务,成功打造了多个全方位整合营销的案例。例如,江苏综艺频道有一档节目叫作《加油社区》,通过走进江苏每个城市的不同社区来展示社区文化,选拔社区冠军。节目播出期间,江苏网络电视台联合洋河集团,组织了线下上百场海选,并在线上持续发酵,充分实现了“品效合一”的价值彰显。

“长尾效应”逐渐引起融媒体管理层的重视,尤其是在内容生产上。商业事件爆发初期,背后可能隐藏着巨大的长期市场,而这样的市场就需要落地服务来维持,因此,线上线下融合的营销方式成为目前新媒体领域最常用的一种营销模式。其优点在于发挥了线上营销传播广而快的优势,又通过"接地气"的线下活动弥补了线上传播变现能力较弱的缺陷。

例如,浙江广电新蓝网就长期致力于采用线上线下合力营销的方式,收效良好。在与浙江秀山岛旅游开发项目的合作中,新蓝网为秀山岛景区提供了一系列线上的抽奖互动以及软文广告等内容传播,同时线下又响应线上的活动,发起"秀山岛旅游"等活动让用户实际去体验,增强整体营销的体验感。而由此生产出的素人真人秀节目以及网络摄影大赛"我为泥狂"可以在浙江广电地面频道以及新蓝网上播出。这就形成了一个良性的循环过程,既丰富了广告主的产品推广形式,又使新蓝网的内容变得更加丰富。

> 我们现在拥有渠道越来越多,我们有新闻综合频道、卫视的新闻频道、外语频道以及新媒体。实际上我们还有第五个渠道,那就是地面活动。这样的渠道怎样排列组合,或者说怎样根据客户的需求,突出最优的组合,是很重要的事情。从某种意义上说,渠道也需要精细化。以前这些东西全部集中在广告中心,但是因为广告中心要管那么多的"盘子",也无暇来顾及这个事情,所以非常粗放。
>
> ——据课题组对某省广电高层的访谈

二、版权分销:多平台分发实现价值增益

当下,很多人仍在为内容为王还是渠道为王争论不休,对融媒体来说,坐拥多渠道终端,内容无疑是其重点发力的核心。由此,内容版

权的开发价值日益凸显，良好的版权管理和多层次的价值开发，可以实现原创自制内容的价值递增。

多平台的版权分销，是实现品牌版权价值释放的第一步。如今媒体行业的一大趋势，无疑是品牌电视节目在网络等多渠道的分销，如《奔跑吧兄弟》《极限挑战》动辄上亿的网络发行费用，让电视台赚得盆满钵满。而与这一趋势平行发展的，则是网络自制内容反向输出卫视平台，如爱奇艺的自制节目《老九门》《我去上学啦》在卫视的播映。除此之外，是网络自制内容寻求其他网络平台的发行。

对于相对成熟的融媒体来说，内容版权反向输出其他平台，正在占据营收的重要板块。芒果 TV 在不改变整体内容独播的前提下，必要时也选择将其自制节目、自制剧进行网络分销，从而为其带来可观的收益。将自制内容资源与其他平台进行优质资源置换，也是芒果 TV 尝试的一种版权分销玩法，如 2016 年，芒果 TV 就通过资源置换，获得了乐视网节目《亲爱的翻译官》的版权。

在这样的版权分销过程中，又涉及广电机构内部不同部门之间的利益归属问题。笔者在调研中发现，一些卫视对于节目网络版权归属态度不明确，造成卫视频道、总台版权部门和新媒体部门之间存在着利益纠葛。一些卫视知名栏目的网络版权由频道做主直接进行分销，另一些则收归总台进行统一管理。不管形式如何，版权分销的近期直接利益与融媒体发展的长远版权战略，在一些地方的确存在比较明显的冲突，需要从全局和实际的角度加以解决。

> 卫视频道的总监负责的内容就在卫视频道播出，他对版权管理的权限也仅仅局限于频道的版权。那剩下的所有平台传播的版权管理，我们要在台里面管这个事情。有些时候，一些人自己就把这个东西给人家了，为什么？版权是你

的吗？你是频道总监，不是融合媒体的总监，所以版权要归属台里统一管理。

——据课题组对某省广电管理层的访谈

三、用户付费：后向收费到前向收费的转变

运营模式也要融合。以前就是广告，现在你在融合的时候就会发现，广告是一条路，付费也是一条路。

——据课题组对某公司管理高层的访谈

对于当下的网络视听新媒体来说，随着版权投入的水涨船高，带宽、运营成本的增大，单纯的广告营收方式已经难以为继。而伴随用户消费观念的更新，国家大力打击盗版以及支付方式的便捷化，用户付费成为视听新媒体未来博弈的重要筹码。

在融媒体良性商业模式的建构中，用户付费必将成为整体营收份额中的重要部分。用户付费的增长，主要依托的是独家的优质内容和更完善的用户体验，这对于许多刚刚起步的融媒体来说，仍算是拓荒阶段，但用户巨大的付费空间，依旧是融媒体业务拓展的不二选择。

商业视频网站的付费之路也是近几年才取得飞跃式发展的。2010 年，各大视频网站开始尝试付费服务，主要涉及在线点播和会员付费，内容以好莱坞电影为主，辅之以少量的国产新片。2013 年以前，各视频网站版权库储量较少，加之电影窗口期较长、更新较慢，网上支付技术也不够成熟，操作复杂，这些都限制了会员付费业务的增长。2014 年后，国家打击盗版的力度不断加大、移动支付便捷，为视频行业付费会员规模的快速增长营造了一个良好的环境。片库的极大丰富，让越来越多的用户关注和使用视频付费服务。

2016 年,商业类视频网站继续通过热门剧目的差异化编排来吸引付费用户。此外,影视版权方逐步缩短窗口期,视频网站成为电影的重要发行渠道,付费内容向多元化发展,带动用户迅速增长。调查结果显示,截至 2016 年 9 月,35.5%的网络视频用户有过付费看视频的经历,在 2015 年基础上增长了 18.5 个百分点,实现了近几年内最为快速的增长。付费用户呈现偏男性化、年轻化、中高学历、高收入的特点。用户最愿意付费观看影院热映新片、独播网络电影,此外,用户对独播网络剧、热播剧的付费意愿也相对较高。从视频付费用户的年龄结构来看,39 岁以下用户占 90.7%,其中 20—29 岁之间的用户占比为 44.2%,年轻用户有较强的付费意愿,且对网络支付的使用更为熟练,是付费用户的主体。

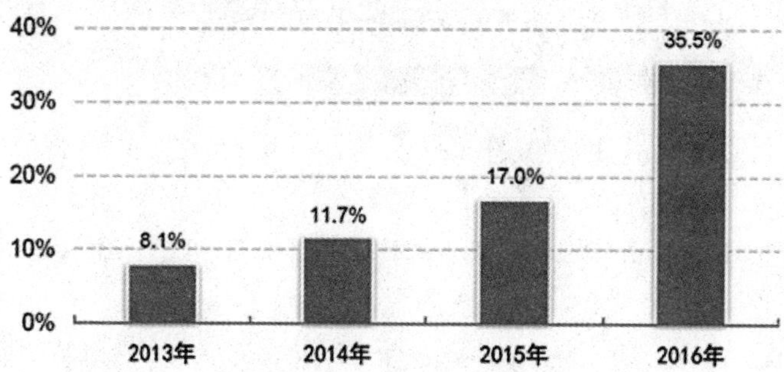

图 4-1 中国视频网民付费用户比例(数据来源:中国网络视听节目服务协会 2016 年调研)

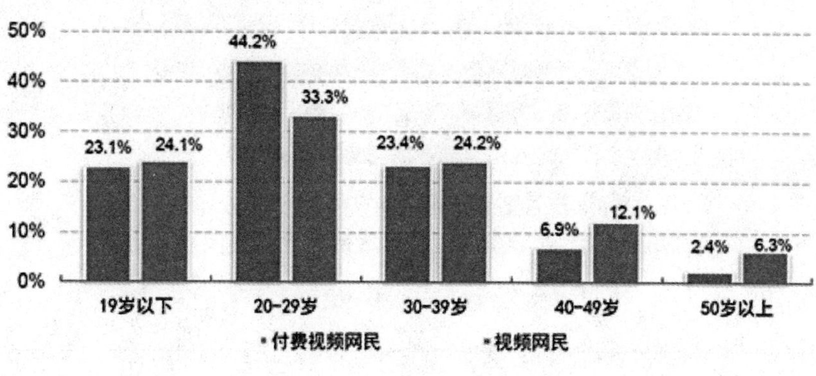

图 4-2 中国视频付费用户年龄结构(数据来源:中国网络视听节目服务协会 2016 年调研)

内容是付费的第一驱动力，83.8%的付费用户因为“想看的内容必须付费才能看”而选择付费，69%的用户因为“片源多，可观看更多付费内容”而选择付费。大部分视频网站都有针对付费会员的免广告服务，这也是吸引用户付费的主要原因之一，77.3%的付费用户是因为“可以不用看广告”而选择付费；此外，付费后“清晰度更高”“下载速度快”也是吸引用户付费的重要原因，提及率分别为52.4%、43.7%。

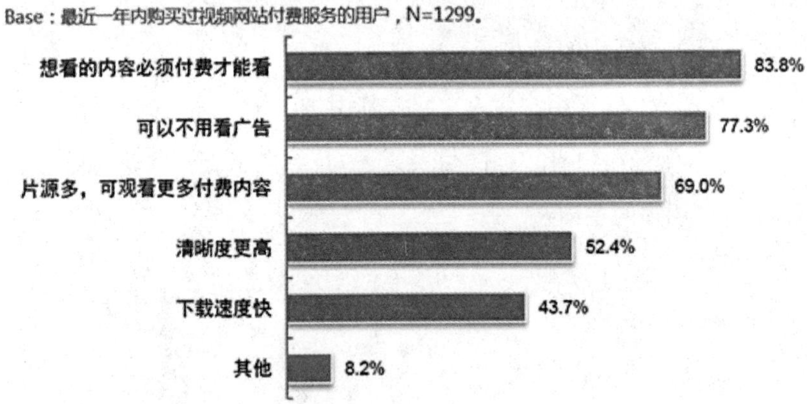

图4-3　中国视频付费用户愿意付费的原因(数据来源:中国网络视听节目服务协会2016年调研)

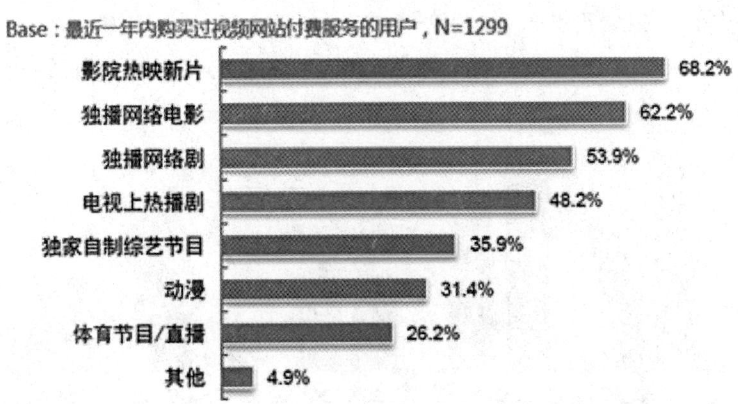

图4-4　中国视频付费用户愿意付费的内容(数据来源:中国网络视听节目服务协会2016年调研)

“想看的内容需要付费才能看”是吸引视频用户付费的主要原因，那么，什么样的内容才是用户想看的内容呢？调查结果显示，影院热映新片、独播网络电影是用户最愿意付费的内容，60%以上的人愿意为之付费；此外，用户对独播网络剧、电视上热播剧的付费意愿也相对较高，50%左右的人愿意为之付费；愿意为独家自制综艺节目、动漫、体育节目/直播等付费的用户比例分别为 35.9%、31.4%和 26.2%。[①]

对于广电融媒体用户付费业务而言，一些领先的媒体机构做了很多有益的尝试。例如，芒果 TV“五将突围”的变现模式中，会员付费业务就是重要一项。芒果 TV 自创立以来就一直以独播内容为主打产品，利用自己的优势内容导流用户。节目内容分免费与付费两种，使用会员制经营，成为会员后用户可以享受定制服务，通过与用户建立会员关系提高用户黏性。2016 年上半年，芒果 TV 营收 8.6 亿元，仅广告营收能力已达 1.25 亿元/月。目前，芒果 TV 的付费会员有 400 多万人，爱奇艺实现会员数达第一个 100 万用了三年时间，而芒果 TV 只用了一年。身为芒果 TV 会员，拥有全站免广告、自制剧抢先看、院线新片抢先看等特权，如 2016 年暑期热播的《青云志》，芒果 TV 会员就比电视观众抢先看四集。处在用户付费的风口之下，芒果 TV 会员业务也在随行业大势呈指数级增长。

> 在会员方面，目前来讲它的收入应该是同比增长 170% 多。可能以后我们会把更多的独特内容给到会员，进行独特的专门化运营。以前会员收入百分之八九十来自于好莱坞

① 以上数来源于据中国网络视听节目服务协会于 2016 年 12 月在成都举办的第四届中国网络视听大会上发布的《2016 年中国网络视听发展研究报告》。

电影付费,现在越来越多的是我们通过独播剧或自制一些品牌性的内容,来拉动会员业务增长。

——据课题组对芒果TV管理层的访谈

再如百视通IPTV业务,除了用户安装每年需要缴纳一定的运营费用外,IPTV页面中还有点播专区,这些点播栏目同样是付费的。目前,百视通除了拥有满足大众需求的免费频道,也有针对少数特定人群的付费频道。

同样,从市场角度来讲,我们看这个数据,因为我不光是追求收视率,对我们来讲,我们的业务模式更多的是前向收费,而不仅仅是收视率高了去卖广告。广告只是收入的一个方面,更多的是我们要去推用户订购。像暑假的话,小孩多订那些学英文也好,学什么也好,这种东西更有指导意义。

——据课题组对百视通管理层的访谈

四、增值业务:羊毛出在猪身上

"羊毛出在猪身上",互联网圈常用这句话来阐释互联网营利的一种思路,即针对用户,基本服务免费,但通过增值服务获取收入。这种互联网思维,在目前的融媒体营利方式探索中同样适用。

笔者在采访中发现,多家融媒体机构的管理层提到,融媒体平台还可以为用户提供定制级的线下增值服务,通过线上内容的传播推广,与线下的服务相呼应,形成一个服务回路,让受众享受立体式的媒体服务,同时平台也自然地处于一个良性营销的环境之中,这将成为未来融媒体营销的重要发展方向。

> 比如我们有一个法制频道,很多传统法制节目都是偏向于家长里短、“杀人放火”,看热闹型的内容,这就是追求传统收视率的恶果,不愿意求大,没收视率就没广告。但是你说对于法律来讲,我们生活中真不需要吗?一方面我们需要了解某些特定的法律专业知识,另一方面,节目本身也可以提供法律服务。所以法律服务这块,我们利用整个新媒体平台也能够给受众提供这种服务。未来我们自身也可以做平台级的服务。
>
> ——据课题组对某省广电高层的访谈

> 纵向坐标,越往上,比如100万用户,里面有30万甚至50万用户愿意为你这些好的东西去付费。横坐标,我们看到的是增值业务的比例,就是用户的价值,其ARPU值,就是在这个区域增值的收费要占到整个收费的比例。现在一般是讲精细化经营。
>
> ——据课题组对某省广电高层的访谈

五、IP衍生:打通产业链条的任督二脉

如今,IP观念在影视行业盛行,尽管虚火甚旺,但围绕优质内容进行多元衍生开发已成为行业共识。目前,在融媒体的商业变现中,由于自制优质IP尚属凤毛麟角,因此,还未形成规模化的经典IP衍生案例。不过,针对超级IP进行多元化衍生,必定会在融媒体未来变现中占据重要地位。

第二节　融媒体营销变现的主要特征

在“唱衰电视”“唱兴新媒体”的行业背景下,融媒体也在努力向行业证明其在商业变现上的能力。目前融媒体的商业收入还是以广告为主,多种营利手段并存,客观地说,除了个别相对成熟的平台外,行业整体营销变现力还处于探索期,良性的变现结构亟待建立。宏观来看,当下的融媒体营销变现体现出以下几个特征。

一、红海精耕细作,蓝海多点开花

目前,广告仍是融媒体的主要收入来源。融媒体不仅要面对同业竞争,也要与传统媒体、网络媒体、自媒体等媒体形态在市场竞争中一决高下。无疑,这是一个红海市场,对于还未成熟的融媒体来说,以“硬碰硬”的方式抢占份额并不现实。

> 这两年最大的感受就是觉得客户的预算越来越少,经济大环境不好,然后客户就想着怎么能省钱怎么做。这其实不只是我们新媒体,电视这边也遇到了类似的问题,尤其是地面频道可能会受到这种影响,波及会非常大。因为客户觉得,要是大投入,那就投到卫视去,投到一线卫视去,要是小投入,就投到网络自媒体什么的。我们夹在中间很难受。
>
> ——据课题组对某省广电高层的访谈

对于融媒体来说,与其在市场上与其他媒体形态短兵相接,不如采取田忌赛马策略,充分发挥自身优势,为客户提供更加精细化的服务。这种精细化服务，包括很多层面，核心之处是站在客户角度想问题，尽可能实现平台价值和品牌诉求的双赢。

> 精细化我理解有三个层面：首先价格政策要精细化，要根据市场反馈来制定价格。简单地说，如果我把我的广告当作一个商品的话，卖得好就得提价，卖不好就得促销。第二是创意精细化，除了硬广告，实际上还有很多的整合营销。最后是渠道的精细化，我们现在渠道越来越多，传统媒体有两个，包括有新闻综合频道的新闻，还有卫视的新闻，这就是两个平台了，我还有外语频道，这是第三个频道，第四个还有Knews，是新媒体，实际上还有第五个——地面活动。
>
> ——据课题组对上海广电高层的访谈

江苏网络电视台在融媒体的精细化运作中积累了不少经验。通过发挥"宣传、内容、包装"等方面的特长，江苏网络电视台在内容、技术上实现创新，帮助客户塑造与竞争对手的差异化优势。例如，在江苏卫视播出综艺节目《带你看星星》期间，江苏网络电视台为客户 vivo 做了一个深度植入，江苏网络电视台派记者远赴韩国对节目进行独家探班，把客户的资源整合进去，提升了节目和品牌的网络关注度，通过全方位、全媒体的传播，不仅为节目本身，也为活动赞助商提供了整合式的营销解决方案。

再如，2016 年夏季，加多宝在江苏卫视有一个硬广告的投放，江苏网络电视台就为之配套做了一个线下的活动——"吃小龙虾，品加多宝"。江苏网络电视台做了线上小龙虾店的评选，让网友晒出吃龙虾、喝加多宝的照片，还借助当下最火的直播，找来体验师直播吃龙虾、喝加多宝。此外，江苏网络电视台还帮加多宝推出了很多品牌稿件，做了一个全媒体的整合，融媒体与传统媒体资源形成强势互补，发挥了 1+1>2 的作用。

除了深挖广告市场的价值洼地,融媒体也在其他营利方式上进行了探索,如前文提到的会员付费制、IP 衍生体系,尽管这些变现手段对最后的营收贡献大小不一,但探索总是有益的。例如,芒果 TV 是目前融媒体中变现体系比较明朗和完善的平台,在探索中,该平台形成了所谓“五将突围”的收益模式,除了以广告为主体外,还包括版权分销、会员业务、互动收益、增值业务几大板块。

二、明晰用户画像,营销更加精准

100 年前,美国商人约翰·沃纳梅克的名言至今仍是传统广告经营的隐痛:“我知道我的广告费有一半浪费了,可问题是我不知道哪一半被浪费了。”传统广电的广告营销,是广覆盖的单向传播,具有很大的盲目性。而在大数据时代,在技术不断迭代的驱动下,融媒体平台的广告经营愈发精准,广告客户能轻易找到目标群体,并对他们进行有针对性的营销,极大地提高了广告营销的精度和效率。

> 哪怕当初 IPTV 平台不像安卓这种机顶盒,我们也能推断每个用户的行为。传统的电视是靠统计学上的收视率,放多少样本,来做统计推断。我们这个分析是可以精确到每一个用户的行为。理论上讲,去研究个体用户是完全可以做到的,也就是说个体用户的收视记录,开了多少次机,订购了多少钱,甚至现在在智能平台上用了什么应用,打开了什么东西,都是有记录的。它区别于 APP 或者区别于移动端的我们更多研究的是大屏端。因为移动端是个人行为,但是大屏端的背后是一个家庭用户。
>
> ——据课题组对某省广电高层的访谈

在技术手段的帮助下，融媒体营销变得更加精准，而针对新媒体服务的广告公司也应运而生，这也成为融媒体发展中的一条拓展路径。例如，艾德思奇是上海东方明珠新媒体股份有限公司旗下的一家广告服务机构，致力于为客户提供数字媒体营销领域的服务，实质就是一家新媒体 4A 广告公司。艾德思奇移动广告平台作为国内领先的智能移动广告平台，不仅为广告主提供精准高效的营销覆盖，同时还为移动开发者提供最佳流量变现平台，并为广告代理和服务机构提供新的服务领域和收入来源。

艾德思奇移动广告平台发展至今，已经成为全国最大的移动媒体网络，旗下整合了大量的优质媒体资源和高端的移动用户，除了拥有用户累计覆盖超 7 亿的、中国第一的移动广告平台外，其还拥有基于互联网/移动互联网搜索的 SEM、跨屏广告等专注于效果营销的广告业务。基于这些优质的资源和先进的广告管理平台，艾德思奇可以为广告主提供包括 SEM 服务、SEM 工具、移动广告、跨屏广告等一站式数字整合营销解决方案。①

艾德思奇的蓬勃发展预示着一种向系统化、标准化、专业化方向发展的新型新媒体广告公司正在形成。然而，艾德思奇虽然隶属于上海东方明珠新媒体股份有限公司，但其在业务上与其他子公司之间相对独立，内容与技术的结合程度还有待考证，其今后的业务发展还有待关注。

> 艾德思奇从某种意义上，是一个纯技术公司。我认为做“TV+”的公司，第一当然是技术，第二实际上还需要内容，你要懂内容这个事情，才能懂怎么样能够跟内容融合这个事情。
>
> ——据课题组对上海广电高层的访谈

① 艾德思奇公司简介，http://www.adsage.cn/about_1.html。

三、版权增值“全球化”,服务增值“区域化”

“全球化”与“区域化”,看似相隔甚远的两极,却统一在融媒体的变现路径中,并逐渐占据了比较重要的地位。所谓版权增值“全球化”,是指目前国内融媒体在发展过程中,正逐步放眼全球市场,通过在 YouTube、Twitter、Facebook 等海外视频、社交平台上开设官方频道,借船出海,进入海外视听新媒体市场,而合作的方式主要是广告分账和用户付费分成。

课题组在调研中发现,目前,布局海外的运营路径,已经成为国内融媒体“走出去”的主要方式。更重要的是,海外市场正在成为很多融媒体营销中消化存量、提升增量的良好支撑点,其带来的可观收入在盈利份额中的比重不断增加。

芒果 TV 于 2013 年 1 月正式开启 YouTube 账号,通过整合湖南卫视和湖南台的优质原创综艺节目内容,依托 YouTube 平台的全球网络,使节目有效渗透至全球 241 个国家和地区。截至 2016 年 5 月 31 日,芒果 TV YouTube 各频道总点击量已超过 23.5 亿次,观看时长达到 246 亿分钟。经过三年多的运营,湖南卫视 YouTube 主频道订阅人数已突破 140 万,是目前 YouTube 平台订阅人数最多、影响力最大、最受欢迎的华语视频内容官方频道。

芒果 TV YouTube 频道的海外受众仍延续“青春、快乐”的品牌基因,以年轻观众为主体,18—24 岁的订阅用户占总订阅用户的 40%,25—34 岁的订阅用户占 33%;男女比例相对均衡,女性用户略多于男性,占比 53.6%。频道一方面通过每周综艺资讯的速递首推,帮助海外用户及时掌握芒果 TV 最新上档的内容,中国香港、中国台湾、东南亚和北美等热门地区贡献了近 80%的流量来源;另一方面,通过中英文标题的设置、整片英文字幕的加载,使热播节目的搜索量和观看时长继续有效提升,带来全平台近百万次的视频分享数量。

图 4－5　芒果 TV 在 YouTube 的官方频道

在 2016 年新上档的内容中,《我是歌手》第四季无疑是最受海外关注的王牌综艺节目,所有 13 期整片点击量全部突破百万次,单期节目观看时长超过 7500 万分钟。徐佳莹的演唱单曲突破 650 万点击量,领衔视频分享排行,成为本季最受海外粉丝关注的人气歌手。另一档由芒果 TV 全新自制的明星烧脑推理综艺秀节目《明星大侦探》,

以跌宕的剧情和智能推理,迅速吸引了海外粉丝的关注,首期节目点击量已突破 50 万,单期节目平均点击量接近 30 万,用户平均观看时长约为 30 分钟,总观看时长超过 1.1 亿分钟,随着内容的持续热播,该节目的流量数据有望再创新高。《妈妈是超人》《快乐大本营》《天天向上》《我想和你唱》等一批有代表性的新老王牌综艺节目,也逐步成为 YouTube 华语内容付费观看的热门搜索关键词,在海外反响热烈。①

> 我们觉得有一些东西的确应该向芒果 TV 学习,我上次了解了一下,有一个数据让我们很震惊,就是芒果 TV 通过在 YouTube 上传一些电视剧,进行广告分成,一年收入达 6000 万。所以,一方面要提高单频道、单平台的海外营收,另一方面还要拓展多平台。今年我们可能马上要跟 Twitter 推进这件事,Twitter 和 YouTube 运营模式差不多,如果做得好,也会自带广告分成。
>
> ——据课题组对某省广电高层的访谈

芒果 TV 在海外视频网站上的商业尝试的初步成功,给中国的广电及视听新媒体行业带来了不小的触动。主要原因在于,在以购买海外内容版权为主体的中国视听行业逆差中,芒果 TV 提供了反向输出境外的一个新案例。中国节目的境外受众多为世界各地的华人,在此之前,他们若想收看中国的节目总会遇到由于版权国际分区而造成的壁垒,通常的做法是通过 VPN 代理的方式,使用国内 IP 地址收看国内视频网站,这给他们的收视体验造成了极大的不便。而芒果 TV 在

---

① 《芒果 TV 打造 YouTube 最强华语综艺频道,流量破 23 亿》,中国网,http://cnews.chinadaily.com.cn/2016—06/24/content_25778047.htm。

YouTube频道的试点成功,也是国内视听媒体在全球化商业环境下,与世界同行竞争的首次尝试,具有不可低估的里程碑意义。从商业的角度来讲,这样的做法激活了芒果TV已有的内容存量,并开拓了海外蓝海市场;从政府的角度来看,芒果TV具有了联系全球华人的战略意义;从更大的国际传播角度着眼,芒果TV在YouTube上的试水成功,也标志着中国软实力培育方式的变化,即从传统上政府主导的不计商业回报的外宣,转为通过社会和商业性机构,以内容输出为载体、商业回报为导向,取得社会效益、商业回报双丰收的良性循环。这将激发更多的内容创作者,将目光瞄准更广阔的国际市场,制作出与国际视听行业接轨,并具有竞争力的内容产品。

大型融媒体平台放眼全球,寻求版权营销价值的二次释放,而在地方融媒体的营销中,则更多地聚焦本地,充分发挥区域化与用户近距离对接的优势。这其中不仅包括配合广告客户进行的地推,还包括以融媒体内容、平台为依托,为用户提供多元化服务,解决用户难题,从而体现融媒体的长尾效应。

> 因为新浪、网易不可能到本省13个地市去做活动,这个也不现实。虽然他们也在成立网易××、新浪××,但是他们的落地活动的执行能力肯定不如我们,没有这么多人在这儿,大部分人还是帮他们拉广告,拉硬广告的。
>
> ——据课题组对某省广电高层的访谈

> 举一个很简单的例子,我们有一档时间比较长的品牌养生类栏目,但是营销做到现在,就仅仅是简单的冠名,居然没有地面活动。实际上这一类节目的地面活动,会是非常好的卖点,融媒体的优点是扎根于本地,所以我们还要大力抓地

面活动的事情,要把我们的品牌扎扎实实地转化为能够跟老百姓直接接触的地面活动,然后给客户带来新的选择、新的渠道。我们现在的节目里面,有养生类的、教育类的,还有像这种家庭装潢之类的,什么都有,这些都是很接地气的,但是实际上长尾效应远远没有发挥出来。

——据课题组对某省广电高层的访谈

聚焦于区域化的融媒体,要义不在于拥有多少传播渠道,而在于如何强化本地特色,服务好本地用户。融媒体不仅应成为区域化信息传播的平台,更应该成为本地用户一切需求的开放平台,从而形成为特定地区人群服务的商业模式。

譬如,很多地方融媒体的发展顺应了“智慧城市”的建设,借助融媒体平台,整合当地公交、客运、治安、电力等多个部门的城市信息资源,推出许多极具创意且贴近市民生活的移动应用,充分挖掘个性化的生活服务,增强了用户对融媒体平台的使用黏度,由此,也开拓了很多营销增长的空间。

四、机制尚未理顺,内容与经营脱节

融媒体是近几年才规模化发展的新兴事物,受制于整个广电行业的体制限定,其在发展过程中,也不可避免地带有原有机制的痼疾。体现在经营层面,较为典型的就是渠道间同质竞争、内容与经营脱节、经营相对粗放、商业模式不够明朗等问题。

我们之前就想过联动起来,但是确实比较难,因为台里是给每个部门划指标的。比如说我们拉了一千万,那这一千万怎么分?如果这一千万本来都可以给卫视,那为什么分给其他家?因为台里对卫视有考核,每年几十个亿,人家也有压力。除非说把所有的营销部门都整合到一起,全由卫视负责。

——据课题组对某省广电高层的访谈

原来,经营的人根本不知道内容在做什么东西,而做内容的人,从某种意义上说,也没有经营的意识,那么很多时候片子做出来,播了,我们广告经营团队知道有这么一个节目,或者怎么样,那个时候再做经营已经来不及了,而且又做得很难看,就是膏药式的,硬贴上去的。因此从我的角度来说,实际上还有一个很大的工作就是内容团队和广告经营团队的融合。当然这个我们一般来说不太方便,不像新媒体和传统媒体的融合,在公开场合这么大力地宣扬,但是实际上广告团队、内容团队和广告经营团队的融合也是非常重要的。

——据课题组对某省广电高层的访谈

总体来说,机制还是沿用了原来广告经营的机制,对我们来说,唯一的难题就是需要打通内容部门跟广告经营部门之间的合作,所以我已经提请融媒体中心设立一个“广告协同奖励办法”。这个“协同奖励办法”主要是为了促进内容部门跟广告经营团队的相互支持。

——据课题组对某省广电高层的访谈

渠道的不断扩展反向作用于内容上的改变,而内容的变革始于生产团队的变革,因此,内容团队与广告、经营团队的合作势在必行。例如,目前上海电视台广告经营中心的人员主要来自于广告中心、外语中心以及新闻中心,其工作内容包括了新媒体广告以及整合营销等多个方面。此外,生产团队通过广告联席会议让内容团队与广告、经营团队有效交流,各部门人员通过汇报未来的工作计划互相了解彼此的工作内容,试图寻求融合点,这样的工作方式得到了内部人员的积极响应。以前,上海电视台的广告团队是属于广告经营中心,内容是归属于新闻中心,根本没法融合在一起,但通过这样的会议无形之中促进了多个部门之间的工作融合。

第三节　融媒体营销推广

在营销推广方面,融媒体基本沿用了传统媒体、视听新媒体的推广方式,同时,随着自主性的加强,融媒体也在宣传推广中更多地发挥着自身的渠道优势。整体来看,融媒体的营销推广包括两个维度:一个层面是针对重点项目进行的宣传推广,另一个层面是针对平台的品牌塑造。

一、对重点项目的宣传推广

项目宣传推广是为内容服务的,目前,网络视听媒体通行的做法,是针对不同的项目进行评级,进行程度不同的宣传资源投入。重点资源会集聚到整个平台的推广力量中,借助上天入地的渠道和花样迭出的手段进行传播。

融媒体目前在内容宣传的资源分配上同样是向重点内容聚拢,手段和广电、新媒体大同小异。很多时候,融媒体也被当作广电平台内容宣传的补充渠道,配合广电的内容传播,形成协同发展。

> 我们的推广第一是利用自己已有的一些优势资源，能够和湖南卫视打通的内容进行同步推广，自身的平台也在加强。对卫视来讲，他们自身也会进行大量的推广，我们把这种联动叫作组合拳，彼此做好配合，你大概做哪些，我们来补足哪些，双平台联动推广，相对来讲这对我们更省力。但是对于更多的独特的节目来讲，我们可能要花费更多的心思和更多的方法，来做一些战略上的排兵布阵。
>
> ——据课题组对芒果 TV 高层的访谈

相比用户覆盖较广的视听媒体，融媒体在推广中更应该扬长避短，不适宜与大平台进行“贴身肉搏”，而要通过用户画像，清晰地知道要影响的用户是哪些人，从而进行有的放矢的推广。

目前，每个平台的融媒体推广机制各有差别。以芒果 TV 为例，芒果 TV 是扁平化运作，推广中心平行于平台运营。推广中心对芒果 TV 重点 IP 项目进行有目的地导流和推荐，维护用户口碑和美誉度。每个重点项目上线，推广中心会成立专门的项目组，项目组包括宣传组和策划传播组，针对自身用户基础，发掘项目特色，从而有针对性地进行传播。

二、对平台的品牌塑造

融媒体营销推广的另一维度，是对平台影响力的品牌塑造。对此，每个平台的策略虽各有不同，但整体思路都是从数据、内容、产品等不同角度出发，对平台的行业占位和品牌形象进行打造。

目前，中国的省级广电媒体已经开始以战略的高度重视自身的品牌塑造与维护。中国的省级广电媒体在“四级办电视”的体制下，属于属地管理制和纵向管理相结合，因此，它们都打上了比较浓重的地方特色。而与此同时，所有的卫视在事实上又是面向全国市场进行竞争，因此，地域性品牌和全国性市场之间如何平衡、以怎样的方式进行总体定位成为了需要权衡的战略问题。而在融媒体端，也同样要考虑是面向本地打造信息服务门户，还是与其他商业类视频网站一样，以去地域化的方式面向全国市场为目的。

图 4－6　湖南广电以“芒果”为主体的系列视觉识别

一些广电开始利用自身的台标与网友的“昵称”重新塑造自己的品牌形象，如湖南卫视的台标是流畅的椭圆形轮廓，左下方自然形成一个缺口，形成“鱼”这一形象的“大写意”，中心呈现一粒稻米的形状，象征着有“鱼米之乡”美誉的湖南。从屏幕上看，金灿灿的台标恰似一条纽带，代表着电视媒体的特定内涵，意味着湖南卫视是让世界了解湖南，让湖南走向世界的纽带。台标图案同时象征着卫星运动的轨迹，意指东方的上空又多了一颗璀璨的新星。湖南卫视台标总体造型给人以稳重而不失活泼、严肃而不呆板的感受。由于被网友戏称为“芒果台”，湖南广电索性就以芒果为形象，以黄色为视觉品牌的主色调，取得了很好的视觉品牌识别度。

图 4－7　江苏广电以“荔枝”为主体的系列视觉识别

而江苏卫视的台标则采用红色为主调，该标志创意来源于“以人为本”的理念，因此采用了汉语中“人”字的象形特征，并巧妙地将汉语拼音“JS”融入到“人”字中去，在看似简洁的图形中又描绘出一幅长江与运河交汇的盛大画卷，富有浓厚的地域特色。但由于其造型和颜色像荔枝，所以被网友昵称为“荔枝台”。江苏卫视也借势自称为荔枝台，并将其网站称为“荔枝网”，将重点打造的融媒体新闻平台称为“荔枝新闻”，将品牌评论栏目称为“荔枝时评”，形成了荔枝品牌矩阵。

有趣的是，广东广播电视台也自称“荔枝台”，广东广播电视台官方网站也叫“荔枝网”，其手机客户端叫“荔新闻”。2014 年，广东广播电视台官网荔枝网上线后在微博上引发网友争论，“谁是正宗荔枝台?”也一度成为了热门话题。江苏卫视的支持者认为名字是约定俗成，先到先得，但广东台的支持者则认为荔枝是广东特产，何况广东广播电视台的标志就是明明白白一颗荔枝，而江苏卫视的台徽不过因形同荔枝，才被网友起外号为荔枝台而已。另外还有商业类的网络电台“荔枝电台”，均以荔枝为标识，从而造成一定程度上的品牌冲突。

图 4-8　广东广电、荔枝 FM 也以“荔枝”为主体的系列视觉识别

东方卫视的台标由红色圆球和白色五角星构成。该台标与上海东方电视台的台标(旭日加海鸥)有传承、延伸的关系，原来东方电视台标识中红色圆球上那只白鸟由一直往上飞变形为覆盖在红色圆球

上的星星，成为东方卫视的标识。该台标使用后，由于最终的台标与一个熟透了的带叶番茄酷似，所以被一些观众和网友戏称为“番茄台”。东方电视台方面也顺势使用了番茄台的名称，例如东方卫视官方新浪微博账号就使用了“东方卫视番茄台”的名称。

图 4－9　上海广电以“番茄”为主体的系列视觉识别

百视通将公司的品牌塑造上升为战略高度，主要从大数据、大声音、大品牌方面进行平台影响力的塑造。大数据方面而言，首先是指行业数据，即平台的市场容量成绩；其次是用户行为数据，包括用户的收视记录，在智能应用中买过的东西，以此反映平台的用户特征；再次是产品运营或者业务单元经营的一些数字，比如用户订购的数据成绩。

所谓大声音，是从 PR 的角度来说的，主要是根据公司的发展战略做一些事情，比如战略发布会、新产品的发布会、领导层参加的行业论坛、行业重点的展览会以及一些事件性的媒体宣传等。

大品牌方面而言，主要从两个方面考虑，一方面是品牌建设，另一方面是品牌提升。在品牌建设上，2016 年 6 月份，百视通对外发布了新的品牌口号“百变新视界”，借此做品牌的形象包装，如全渠道、全终端等。品牌建设相对来说是一件长期的事情，更重要的是品牌推广。品牌提升主要是通过品牌推广活动，使品牌对外露出，提升品牌美誉度。百视通作为上市公司，也在做一些公益活动，这些公益活动尽管会有品牌的露出，但不是以商业为目的，更多的是体现企业的社会责任，这也是品牌塑造的一部分。

结语:这一代广电人的面孔

家乡的电视台成立于我出生的第二年。

父亲是下乡的知青,返城后被分配到运河边的水利机械厂工作。进入 20 世纪 90 年代以后,工厂的围墙大院式社会结构逐渐开始解体。因为经济效益走下坡,越来越多的工人开始离开这个集工作、生活于一体的"单位",尝试在社会上谋求新的发展。有些人在外开了民营的汽修厂,有些人则尝试做买卖。

最早离开工厂的人里,有人去到了电视台,在刚刚组建不久的新闻采访车队谋得一份司机的工作,在当时成为羡煞所有人的美差。不久后,我就在工厂大院的家属区,看到一辆泛青的上海牌轿车,载着电视台的大导演陈导,在我家门前一条小路上扬尘而过。陈导演披着的一头长发从车窗里飘出,迎风招展,我心里暗自嘀咕:这是男人还是女人?

这样的情景也给所有老实巴交的工人们带来了震动。我的父亲也打算走这条路径,开辟新的事业。经过多番努力和"找关系",他终于获得了厂长放行的许可。

在我 10 岁左右的时候,父亲调动工作到家乡的电视台,一干就是 25 年,全家也从运河边的工厂大院搬进广电的院子,甚至曾经在城市地标的电视塔下的一间平房中周转居住了一年多的时间。我的母亲也几乎同时离开了原来工作了几十年的晶体管厂,进入了本地新建的最大的商场工作。

20 年前,家中有人在电视台工作是一件非常值得骄傲和自豪的事情。"电视台的人"对于中国南方的一座二三线城市而言,意味着一份很酷的工作,意味着可以接触到时下最新的科技,意味着拥有更广泛的社会人脉资源,甚至意味着可以凭借小小的"后门"关系,提前一周看到热播的电视剧或动画片的大结局。

这一切也的确给我的童年增色不少,全家逐渐习惯了彻夜不停的、从不远处的办公区五楼机房传来的、给设备降温用的空调主机噪音,习惯了我父亲连续十几年除夕和春节假期需要加班,习惯了台里新入职的大学毕业生下班后在广电大院儿里打篮球到天色漆黑。我也常常向同学炫耀新看到的各种新奇设备,包括第一次看见鼠标操控的编辑机,第一次看到巴掌大小的智能 PDA,甚至还在假期的时候坐了三天三夜的大巴车,跟随车队和技术团队去北京迎回台里新购置的卫星直播车。我还经常被拉去录音间,为各种节目和广告中的儿童角色配音。这一切和我之前在工厂大院儿充满着汽油味的记忆大相径庭,充满了奇境的色彩。

在本书完稿的这个年末,我的父亲正式宣告退休。

如今,再回想这一段开始于四分之一个世纪前的家庭历程,我看到的更多的是中国的一个江南小城从传统的工业社会向信息化社会、消费社会结构性转型的一幕微观情景。而我此后选择进入新闻传播专业学习,乃至进入这个行业的一线工作,再到如今成为这个行业的学者,在 2016 年的年末坐在同一条大运河最北端的通惠河边写这本书最后的一章,都是这个结构性变迁之下个人顺势而为的产物。我对广电发展的自身个体经验和记忆汇聚在一起,自然成为思考广电发展的历史、现状和未来的逻辑起点。

媒介技术的迭代正在以前所未有的速度进行着,而这一代媒体人却患上了时代的焦虑症。新的资本传奇被传颂,新的技术被引爆,新的蓝海被开拓,新的风口被创造,新的理念被传播,而新的忐忑在缠绕,在社会与技术的双重转型之下,当媒介行业成为社会发展的切片时,每个人都难以称自己为局外人。

凤凰卫视前执行台长刘春是这一行业转型的亲身体验者之一。刘春最早是央视《新闻调查》栏目的总策划,那是一个培育出诸多中国电视史上旗帜性人物的"黄埔军校"。此后,刘春追随自己的导师钟大年加盟凤凰卫视,担任中文台执行台长,并策划设计出诸如《冷暖人生》《社会能见度》《凤凰大视野》《一虎一席谈》等名牌栏目。

我2006年加入凤凰卫视的时候,正是刘春担任中文台执行台长之时。当时豪情万丈的我立马拿着一个系列栏目《扒粪者:中国新闻调查记者群像》的策划案给他。面对一个"鸟台新人"不知天高地厚拿出来的一摞纸,他说:"东西有想法,我仔细看。"

不久以后,我接到任务,开始策划拍摄五集纪录片《凤凰大视野:溥仪的战俘生涯》。《凤凰大视野》是凤凰知名度最高的品牌栏目之一,开创了在每晚黄金时段播纪录片的另类方法,在当时引发了知识界和电视圈的好评,在广告市场上也卖出了天价。半年以后,我的名字出现在这五集纪录片的片尾字幕上,署名的抬头是总策划、第一集和第五集编导。

此后,刘春当选《南方人物周刊》2007年青年领袖。再此后,他离职去搜狐视频,先后担任搜狐公司副总裁、搜狐视频COO兼搜狐总编辑,成为中国传统广电到视听新媒体人才流动的标志性人物。几年后，他又离开搜狐视频去了爱奇艺担任高级副总裁。如今他的身份是中南影业董事长。他曾自我调侃道："此次回村，真正体会到了不堪的滋味。在央视时，父母最是脸上有光；辞央视去凤凰，家人始不解终接受，毕竟又做了台长；辞凤凰去搜狐，颜面大跌，辗转打听也算是一家媒体，勉强接受，心情与脸色已是不大好；去岁，辞搜狐，虽早有计较自有安排，但难于沟通，脸上满是'不作死便不会死的愤怒鄙视'。"作为早期的广电人，从强势媒体的关键位置离职加盟网络视听媒体行业，多次辗转后成为投资和内容制作公司掌门人，这条路经，前无古人，后有许多来者，如马东、刘建宏等。

2016年11月，新华社新媒体部的朋友来访我所在的中国传媒大学新闻传播学部，向我们介绍他们如何利用虚拟现实、增强现实和无人机设备进行融媒体采访的实践。在观摩了他们的无人机飞行演练后，一位同事感慨万千地说："要知道中国航拍历史上不幸罹难的许多摄影师，都是这个学院的校友。"这一席话顿时让现场诸多资深教授唏嘘不已。

这让我想起曾认识的一位年轻的同事。经后来同组的朋友介绍才知道，他的父亲原来就是中国"航拍第一人"赵群力。2001年9月2日，凤凰卫视一架小型飞机在温州市永嘉县黄南乡大学村境内坠落。这架型号为"蜜蜂3C"号的小型飞机，当时正在航拍大型电视系列片《寻找远去的家园》，身兼飞行员、摄像师两职的香港凤凰卫视中文台副台长赵群力不幸遇难。《寻找远去的家园》是一部呼吁保护家园、拯救文化村落的大型电视系列报道。这是凤凰卫视继《千禧之旅》《欧洲之旅》及《穿越风沙线》之后策划的又一次大型采访、拍摄活动。赵群力曾任甘肃电视台副台长，1987年学会驾驶轻型飞机，成为中国第一个能够驾驶飞机的新闻记者。此后，他更成为中国集高航、驾驶、拍摄三责于一身的第一人,2000 年被授予中国电视界“2000 年最具专业精神”的电视人大奖。他的不幸罹难,让电视界扼腕叹息。

而如今,飞行在我们眼前的这个民用级别的拍摄无人机如同传统的录像带大小,价格不过刚刚三四千元人民币而已,就可以实现 4K 高清、人脸识别、自动巡航追踪拍摄的功能。我们学院全体老师也从 2015 年夏季开始全员学习无人机飞行,并已有多位老师获得机长驾照。在近期的多次新闻事件报道中,多家新闻机构都已经开始尝试利用无人机进行报道。

在本书的前言,我们曾经重返那些关于“什么是电视”的日常生活场景,从受众的角度去重新考量在如今交光互影的技术、市场和政策关系中,视听传播行业已经发生了怎样本质性的变化。而在本书的文末,我希望尝试用同样微观的、具体的方式,来探讨在这样的转型中,作为一代广电人个体的生命经验和心路历程又是如何?

在正文部分,我们用理性的框架和中观的视角、质化的方法,试图理清转型中的亮点、痛点以及背后的机理。但在最后,我希望把剩下的笔墨留给那些在转型的宏大叙事留给往往被忽略、被遗忘的一张张广电人的面孔。在这样急速的行业变迁乃至颠覆中,他们的青春和付出在技术迭代面前似乎被无情地甩在了身后,甚至后来者都难以理解。记住这一张张的面孔是告诉我们:不要因为走得太远而忘记为什么出发。

如今聚合类内容让信息流泥沙俱下,如今大数据算法取代了总编辑的眼光,如今高质量的人文情怀的内容让位于点击量的泡沫,广电人的青春、广电人的不羁、广电人的情怀、广电人的爱恨不是落伍了,而是成为了这个时代的稀缺品。

本书在前期调研当中,受到各省级广电的诸多同仁、朋友的大力支撑,特此表示感谢。其中,特别要感谢江苏广电的顾建国、何可一、明星、肖强、陈其庆、万嵘、张毅、吴昊、季建南、蒋红梅;上海广电的张炜、何孔勇、李晓明、景象欣、陈卫、邓亚峰、唐亦、邱志飞、曹雅莉、于祝峰等;SMG 融媒体中心的宋炯明、诸培璋、陶秋石、周炜、宋菁菁、王立俊;浙江广电的许继锋、王水明、钱黎明、余云、倪奕虹、吴克勤、裘净;湖南广电的易柯明等。同时感谢何苏六、徐帆、吴位娜等师友在前期联系当中提供的帮助。

本书的调研受到中国网络视听节目服务协会的资助,特此感谢常务副秘书长周结、对外合作部主任余力提供的大力支持。中国网络视听节目服务协会作为沟通行业、政府和受众的润滑剂,为推动中国传统广电融媒体发展和视听新媒体发展作出了巨大的贡献。除了我以外,中国传媒大学新闻传播学部电视学院的田维钢教授、罗姣姣、卢烨、方雪悦是前期调研的主要参与者。罗姣姣、卢烨、方雪悦、戴硕参与了部分章节内容的初稿撰写工作。同时感谢书稿初成后苗伟山博士、涂凌波博士、徐帆博士提出的建议。最后还要感谢本书责编、我的同门并好友李唯梁的付出。

2016 年 12 月 31 日

于北京通惠河南岸

参考文献

图书

崔保国主编:《中国传媒产业发展报告(2016)》,社会科学文献出版社 2016 年版。

姬德强:《数字化中国:有线电视数字化的政治经济学》,中国广播电视出版社 2016 年版。

〔美〕伊丽莎白·爱森斯坦:《作为变革动因的印刷机:早期近代欧洲的传播与文化变革》,何道宽译,北京大学出版社 2010 年版。

刘富文:《网络政治——网络社会与国家治理》,商务印书馆 2002 年版。

胡正荣等:《媒介融合时代的电视新闻创新:省级地面频道发展战略研究》,中国传媒大学出版社 2011 年版。

胡正荣等:《中国广播电视公共服务体系:目标与实践研究》,中国广播电视出版社 2010 年版。

胡正荣等:《全球传媒蓝皮书:全球传媒发展报告(2016)》,社会科学文献出版社 2016 年版。

胡智锋等:《电视艺术新论》,中国社会科学出版社 2016 年版。

胡智锋等:《电视发展新论》,中国社会科学出版社 2016 年版。

胡智锋等:《电视文化新论》,中国社会科学出版社 2016 年版。

李明伟:《知媒者生存:媒介环境学纵论》,北京大学出版社 2010 年版。

徐帆:《锵锵和鸣:凤凰卫视的角色制造与节目生产》,北京大学出版社 2013 年版。

易前良:《美国"电视研究"的学术源流》,中国传媒大学出版社 2010 年版。

张锐：《视听变革：广电的新媒体战略》，新华出版社 2015 年版。

赵如涵：《网生新闻网站与高品质报道——来自欧洲的实践与经验》，中国传媒大学出版社 2016 年版。

Allen, Robert C., Hill, Annette. (eds.). *The Television Studies Reader*. Routledge, 2004.

Albarran, Alan B. *Media Economics: Understanding Markets. Industries, and Concepts* (2nd ed.). Blackwell, 2002.

Albarran, A. B., Chan-Olmsted, S. M., Wirth, M. O. (eds.). *Handbook of Media Economics*. Lawrence Erlbaum Associates, 2006.

Alexander, Alison, Owers, James, Carveth, Rod, Hollifield, C. Ann, Greco, Albert N. (eds.) *Media Economics: Theory and Practice* (3rd ed.). Lawrence Erlbaum Associates, 2003.

Bignell, Jonathan. *An Introduction to Television Studies*. Routledge, 2004.

Boddy, William. *Fifties Television: The Industry And Its Critics*. The University of Illinois Press, 1990.

Brandt, George. *British Television Drama*. Cambridge University Press, 1981.

Casey, Bernadette, Neil Casey, Ben Calvert, Liam French, Justin Lewis, *Television Studies: The Key Concepts*. Routledge, 2002.

Corner, John. *Critical Ideas in Television Studies*. Clarendon Press, 1999.

Ellis, John. *Visible Fictions*. Routledge, 1982, 1992.

Ellis, John. *Seeing Things*. IB Tauris, 1987.

Feuer, Jane, Paul Kerr, Tise Vahimagi. *MTM: 'Quality Television'*. British Film Institute, 1984.

Fiske, John. *Television Culture*. Methuen, 1987.

Fiske, John, John Hartley. *Reading Television*. London: Methuen, 1978.

Geraghty, Christine, David Lusted(eds.). *The Television Studies Book*, Arnold, 1998.

Goldie, Grace Wyndham. *Facing The Nation: Television And Politics, 1936—1976*. The Bodley Head, 1978.

Hall, Stuart. *Early Writings On Television*. Routledge, 1997.

Halloran, James. *The Effects of Television*. Panther, 1970.

Kaplan, E. Ann. *Regarding Television*. American Film Institute, 1983.

Lembo, Ron. *Thinking Through Television*. Cambridge University Press, 2000.

Lotz, Amanda D. *The Television Will Be Revolutionized*. New York University Press, 2007.

Lotz, Amanda D., Havens, Timothy. *Understanding Media Industries*. Oxford University Press, 2011.

Lotz, Amanda D., Gray, Jonathan. *Television Studies*. Polity, 2011.

McChesney, Robert W. *Corporate Media and the Threat to Democracy* (Open Media Pamphlet Series). Open Media, 1997.

McChesney, Robert W. *Rich Media, Poor Democracy: Communication Politics in Dubious Times*. University of Illinois Press, 1997.

Morley, David. *Television, Audiences And Cultural Power*. Routledge, 1992.

Newcomb, Horace. *TV: The Most Popular Art*. Doubleday, 1974.

Picard, Robert G. *The Economics and Financing of Media Companies*. Fordham University Press. 2002.

Picard, Robert G. *Media Economics: Concepts and Issues*. Sage Publications, 1989.

Picard, Robert G. (eds). *Media Firms: Structures, Operations, Performance*. Lawrence Erlbaum, 2002.

Silverstone, Roger. *Television and Everyday Life*. Routledge, 1994.

Williams, Raymond. *Television, Technology And Cultural Form*. Fontana, 1974.

论文

曹书乐:《美剧〈越狱〉的中国道路与自助文化》,《现代传播》2011 年第 10 期。

曹书乐、何威:《谁是美剧迷?——互联网上中国观众的美剧观看与接受》,《国际新闻界》2012 年第 9 期。

曹书乐、何威:《"新受众研究"的学术史坐标及受众理论的多维空间》,《新闻与传播研究》2013 年第 10 期。

陈旭光:《电视艺术的定位与电视文化的"后现代性"》,《现代传播》2016 年第 1 期。

董年初:《融合化是广电转型的必由之路》,《新闻前哨》2012 年第 3 期。

董年初、关字奇、熊艳红:《视听新媒体与广电节目形态的变化》,《中国广播电视学刊》2007 年第 11 期。

杜友君、李淑美:《电视泡沫形成与媒体本位回归》,《新闻记者》2016 年第 7 期。

杜丹:《镜像苏州:市民参与和话语重构——对 UGC 视频和网友评论的文本分析》,《新闻与传播研究》2016 年第 8 期。

邓秀军、汤思敏:《电视仪式的对话与狂欢——央视春晚微信使用的技术语境分析》,《现代传播》2016 年第 1 期。

郭小平:《论视听新媒体传播的社会影响》,《中国电视》2009 年第 3 期。

胡正荣、李继东:《我国媒介规制变迁的制度困境及其意识形态根源》,《新闻大学》2005 年第 1 期。

胡正荣:《媒介寻租、产业整合与媒介资本化过程》,《媒介研究》2004 年第 1 期。.

胡正荣:《全媒体时代传统媒体的颠覆与重构》,《新闻战线》2013 年第 2 期。

胡正荣:《后 WTO 时代我国媒介产业重组及其资本化结果——对我国媒介发展的政治经济学分析》,《新闻大学》2003 年第 3 期。

胡智锋、周建新:《从"宣传品"、"作品"到"产品"——中国电视 50 年节目创新的三个发展阶段》,《现代传播》2008 年第 4 期。

胡智锋、杨乘虎:《免费开放:国家公共文化服务体系的发展与创新》,《清华大学学报》(哲学社会科学版)2013 年第 1 期。

黄典林:《重读〈电视话语的编码与解码〉——兼评斯图亚特·霍尔对传媒文化研究的方法论贡献》,《新闻与传播研究》2016 年第 5 期。

郝雨、李灿:《全媒重构格局中电视与新媒体融合路径深层探寻》,《现代传播》2016 年第 4 期。

刘娜、常宁:《正能量话语在真人秀节目中的构建和呈现——以〈了不起的挑战〉为例》,《新闻大学》2016 年第 4 期。

刘荃:《技术、资本与制度——中国电视产业数字转型的困局、条件与路径》,《新闻大学》2016 年第 4 期。

刘昶、张富鼎:《中国广播电视记者现状研究——基于社会学的某种观照》,《现代传播》2016 年第 3 期。

吕鹏、徐凡甲:《作为杂货店的弹幕池:弹幕视频的弹幕研究》,《国际新闻界》2016 年第 10 期。

李凌达:《字幕组"神翻译"的跨文化传播研究》,《国际新闻界》2016 年第 6 期。

苗伟山:《中国网络群体性事件:基于媒体多元互动的分析路径》,《新闻与传播研究》2014 年第 7 期。

隋岩:《多重复合的当代中国电视文化意识形态》,《中国人民大学学报》2002 年第 5 期。

隋岩、曹飞:《论群体传播时代的莅临》,《北京大学学报》(哲学社会科学版) 2012 年第 5 期。

隋岩、张丽萍、范明:《消费主义思潮下的大众传媒文化审视》,《新闻记者》2015 年第 8 期。

隋岩:《当代中国文化形态的划分和嬗变——对三种文化形态的哲学思考》,《北京大学学报》(哲学社会科学版) 2002 年第 4 期。

隋岩、李燕:《论群体传播时代个人情绪的社会化传播》,《现代传播》2012 年第 12 期。

隋岩、李燕:《从谣言、流言的扩散机制看传播的风险》,《新闻大学》2012 年第 1 期。

隋岩、苗伟山:《全球理论、本土实践与现实情怀——2014 年网络群体事件的研究综述》,《新闻大学》2015 年第 1 期。

孙振虎、成怡忻:《基于 T2O 模式的电视节目创新研究》,《现代传播》2016 年第 8 期。

童云:《“互联网+”时代广播电台运营模式探析》,《现代传播》2016 年第 2 期。

徐帆:《从 UGC 到 PGC:中国视频网站内容生产的走势分析》,《中国广告》2012 年第 2 期。

王长潇:《传统电视与视听新媒体融合发展路径的选择与拓展》,《国际新闻界》2011 年第 12 期。

王树良、谌椿:《自我认同与符号消费:网络自制节目中的符号建构研究——以〈奇葩说〉为例》,《国际新闻界》2016 年第 10 期。

袁艳:《电视的物质性与流动的政治——来自两个城中村的媒介地理学观察》,《新闻与传播研究》2016 年第 6 期。

曾温娜:《模式新时代:电视的娱乐革命》,《国际新闻界》2016 年第 6 期。

赵瑜:《互联网电视的规制及其政策张力》,《新闻大学》2016 年第 3 期。

赵如涵:《互动纪录:融媒体环境中的新闻报道的新理念与新实践》,《现代传播》2016 年第 7 期。

张潇潇、冯应谦:《全球模式与地方性知识:电视生产社群的民族志阐释》,《国际新闻界》2016 年第 7 期。

张志君、张涵:《“新常态”语境中电视传播供给侧改革刍议》,《现代传播》2016 第 4 期。

张伟:《从“技术驱遣”到“体制建构”——现代视觉传媒艺术的权力运作与叙事策略》,《现代传播》2016 年第 5 期。

周勇:《电视会终结吗?——新媒体时代电视传播模式的颠覆与重构》,《国际新闻界》2011 年第 2 期。

周勇:《转型期的困境与压力——对中国新闻工作者心理焦虑的实证分析》,《国际新闻界》2009 年第 8 期。

周勇、黄雅兰:《从“受众”到“使用者”:网络环境下视听信息接收者的变迁》,《国际新闻界》2013 年第 2 期。

章晓英、苗伟山:《互联网治理:概念、演变及建构》,《新闻与传播研究》2015 年第 9 期。

周逵:《用户思维视野下的广电媒体转型》,《青年记者》2014 年第 17 期。

周逵:《虚拟现实的媒介建构:一种媒介技术史的视角》,《现代传播》2013 年第 8 期。

周逵、孙宁忆:《社交媒体时代的视频节目创新》,《新闻与写作》2013 年第 6 期。

周逵:《传统主流媒体的跨平台传播现状及问题分析——以北京市属主流媒体为例》,《东南传播》2015 年第 9 期。